산티아고 길의
마을과 성당

홍사영 신부 지음

기쁜소식

산티아고 길의 마을과 성당

차례

시작하는 글 … 8

산티아고 … 11

산티아고 순례길 프랑스 길 … 14

① 생장피에드포르 – 론세스바예스 … 16
Saint-Jean-Pied-de-Port – Roncesvalles

② 론세스바예스 – 수비리 … 30
Roncesvalles – Zubiri

③ 수비리 – 팜플로나 … 34
Zubiri – Pamplona

④ 팜플로나 – 푸엔테 라 레이나 … 46
Pamplona – Puente la Reina

⑤ 푸엔테 라 레이나 – 에스테야 … 58
Puente la Reina – Estella

⑥ 에스테야 – 로스 아르코스 … 68
Estella – Los Arcos

⑦ 로스 아르코스 – 로그로뇨 … 74
Los Arcos – Logroño

⑧ 로그로뇨 – 나헤라 … 82
Logroño – Nájera

⑨ 나헤라 – 산토 도밍고 데 라 칼사다 … 88
Nájera – Santo Domingo de la Calzada

⑩ 산토 도밍고 데 라 칼사다 – 벨로라도 … 94
Santo Domingo de la Calzada – Belorado

⑪ 벨로라도 – 산 후안 데 오르테가 … 102
Belorado – San Juan de Ortega

⑫ 산 후안 데 오르테가 – 부르고스 … 110
San Juan de Ortega – Burgos

⑬ 부르고스 – 오르니요스 델 카미노 … 120
Burgos – Hornillos del Camino

⑭ 오르니요스 델 카미노 – 카스트로헤리스 … 124
Hornillos del Camino – Castrojeriz

⑮ 카스트로헤리스 – 프로미스타 … 130
Castrojeriz – Frómista

⑯ 프로미스타 – 카리온 데 로스 콘데스 … 138
Frómista – Carrión de los Condes

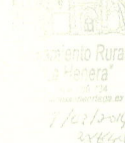
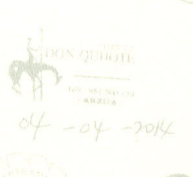

17 카리온 데 로스 콘데스 – 칼사디야 데 라 케사 ⋯ 150
Carrión de los Condes – Calzadilla de la Cueza

18 칼사디야 데 라 케사 – 사아군 ⋯ 152
Calzadilla de la Cueza – Sahagún

19 사아군 – 렐리에고스 ⋯ 160
Sahagún – Reliegos

20 렐리에고스 – 레온 ⋯ 164
Reliegos – León

21 레온 – 비야당고스 델 파라모 ⋯ 176
León – Villadangos del Páramo

22 비야당고스 델 파라모 – 아스토르가 ⋯ 180
Villadangos del Páramo – Astorga

23 아스토르가 – 라바날 델 카미노 ⋯ 192
Astorga – Rabanal del Camino

24 라바날 델 카미노 – 폰페라다 ⋯ 198
Rabanal del Camino – Ponferrada

25 폰페라다 – 비야프랑카 델 비에르소 ⋯ 208
Ponferrada – Villafranca del Bierzo

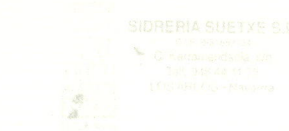

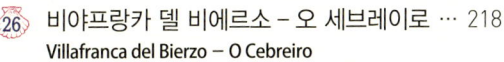

㉖ 비야프랑카 델 비에르소 – 오 세브레이로 ⋯ 218
　Villafranca del Bierzo – O Cebreiro

㉗ 오 세브레이로 – 트리아카스텔라 ⋯ 228
　O Cebreiro – Triacastela

㉘ 트리아카스텔라 – 사리아 ⋯ 234
　Triacastela – Sarria

㉙ 사리아 – 포르토마린 ⋯ 242
　Sarria – Portomarín

㉚ 포르토마린 – 팔라스 데 레이 ⋯ 250
　Portomarín – Palas de Rei

㉛ 팔라스 데 레이 – 아르수아 ⋯ 256
　Palas de Rei – Arzúa

㉜ 아르수아 – 아르카 도 피노 ⋯ 266
　Arzúa – Arca do Pino

㉝ 아르카 도 피노 – 산티아고 데 콤포스텔라 ⋯ 268
　Arca do Pino – Santiago de Compostela

산티아고 순례를 마치며 ⋯ 284

시작하는 글

본당신부로서의 임기를 마칠 무렵, 한 지인이 산티아고 순례를 가겠다는 소식을 전해왔다. 언제 가는지 물었더니 마침 내가 본당신부 임기를 마치고 다음 프로그램을 위해 대기하는 기간이었다. 사실 언젠가 산티아고 순례길을 가리라 생각했지만, 혼자 가기엔 엄두가 나지 않았고 시간을 내기가 어려워서 그냥저냥 미루어 왔던 터였다. 모든 조건이 잘 맞아서 무조건 그 지인과 함께 나도 산티아고를 가자고 결심했다. 많은 분들의 걱정과 응원 속에서 이렇게 나의 산티아고 순례는 시작됐다.

천년이 넘는 역사를 갖고 있으며 셀 수 없는 많은 사람들이 사랑을 배우고 실천하며 걸어갔던 길, 그저 그 길에 서 있다는 것 자체가 나에게는 감격이었다. 순례를 이어가면서 그 길에서 많은 사람들을 만날 수 있었다. 놀라운 것은 그 길에 한국 사람들이 많이도 있었다는 것이다. 내가 그 길을 걸었던 약 35일의 기간 중 어림잡아 40명이 넘는 한국인들을 만났는데 대부분이 청년들이었다. 한국에서 비행기로 가더라도 12시간 이상 걸리는 먼 곳, 이 낯선 곳을 이들은 왜 스스로 찾아와 힘들게 걷고 있는 것일까? 과연 무엇이 이들을 이곳에 오게 했을까? 순례를 방해하고 싶지 않아 질문을 자제하던 나는 결국 궁금증을 못 이기고 어느 날 만난 한국 청년에게 그 이유를 물었다.

"여긴 어떻게 오게 됐어요?"

청년의 대답은 예상 외로 간단했다.

"그냥 자유롭게 걷고 싶어 왔어요."

아마도 자유롭게 걷기에 이보다 더 좋은 길은 없을 것이다. 그러나 이 기나긴 순례길은 그들이 원하는 자유와 함께 그에 따르는 대가도 치러야 하는 길이다. 그래서 한 번 더 물었다.

"그런데 왜 하필 이 고된 산티아고 순례길을 왔어요?"

이 질문을 받은 그는 나에게 다시 되물었다.

"근데 산티아고가 뭐예요?"
"……."

그의 이 대답 같은 질문은 나를 순간 당황하게 했다. 그들은 자신들이 산티아고 데 콤포스텔라라는 도시까지 걸어간다는 것은 잘 알고 있었지만 그 길의 의미나 역사 그리고 이 길의 주인공인 산티아고란 인물에 대해서는 딱히 아는 것도, 그리고 관심도 없는 듯 보였기 때문이다.

물론 그 의미나 역사를 모른다고 해서 이 길을 걷거나 여행하고 순례하는 데 문제가 될 것은 아무것도 없다. 지식이 신앙이나 순례의 필수조건은 아니며 그저 그 길을 걷는 것만으로도 큰 보람을 얻을 수 있기 때문이다. 그러나 자신이 여행하는 길이나 장소에 대한 지식은 그 여행의 풍미를 더 높여주는 것 또한 사실이다. 내 경우 순례길에 있는 성당이나 유적을 방문했을 때 안내가 스페인말로만 적혀있어서 궁금한 것을 해결하지 못한 채 다음 마을로 길을 나서야 하는 아쉬움이 있었다. 그래서 한국어로 된 간단한 산티아고 순례길 신앙과 문화유산 해설서가 있다면 참 좋겠다는 생각을 하였다.

한국에도 이 산티아고 순례길에 대한 안내책자가 많이 나와 있다. 이 안내책자들은 이 순례길의 지도나 숙소, 식당 등 생활에 대한 정보들을 중점적으로 자세하게 다루고 있다. 그래서 이런 좋은 안내서와 함께 볼 수 있는 산티아고 순례길의 신앙과 문화유산을 해설한 책을 만들고자 하는 것이 나의 생각이다. 천년이 넘는 역사를 가지고 있을 뿐만 아니라 거리도 긴 산티

아고 순례길의 모든 문화유산을 다 찾아내고 다루기는 어렵다. 전체 순례길 중 일부분인 프랑스길 약 800킬로미터 중에서, 그 학술적 중요성과는 별개로 그저 조금 큰 마을이나 중요도시에 있는 유산들 중에서 일부만이 이번 작업에 포함되었음을 밝힌다.

끝으로, 함께 이 순례길을 걸으며 좋은 생각을 나누어주신 조한수 마리노 선생님, 산티아고 전통음식인 뽀뽀(문어) 요리를 사겠다는 한마디에 기꺼이 소중한 그림을 내어 준 염현아 안젤라 작가, 어려운 시간을 내어 현지에서 사진을 찍어 준 가톨릭여행사 최인석 가브리엘 부장, 책이 나오기까지 전체적인 진행을 맡아 시작부터 마무리까지 애쓴 손세희 효주아녜스 큐레이터, 그리고 흔쾌히 출판을 허락해주시고 좋은 책을 만들어준 기쁜소식 출판사 전갑수 베르나르도 사장님과 직원 여러분께 깊은 감사를 드린다.

산티아고 순례길을 여행하는 모든 사람들이 그 길을 통해 얻고자 하는 것들을 더 잘 얻을 수 있는 데, 이 책이 작은 도움이 되기를 바란다.

산티아고

산티아고 순례길은 그야말로 '산티아고로 가는 길'을 뜻한다. '산티아고'는 스페인 북서부에 있는 대도시의 이름으로, 정식 명칭은 '산티아고 데 콤포스텔라'인데, 간단히 '산티아고'로 부른다. 이 도시의 이름을 '산티아고'로 부르게 된 것은 '산티아고'란 인물의 무덤이 이 지역에서 발견된 사건으로 인해 이 도시가 생겨났기 때문이다.

아스토르가 카미노 박물관
산티아고 인물화

산티아고는, 성경에 나오는 예수님의 열 두 제자 중 한 명인 성 야고보 사도의 스페인식 이름이다. 성경에 나오는 예수님의 열두 제자의 이름 중 야고보는 두 번 나온다. 하나는 제베대오의 아들 야고보이고, 다른 하나는 알패오의 아들 야고보이다. 통상적으로 제베대오의 아들 야고보 사도를 큰 야고보로, 그리고 알패오의 아들 야고보 사도를 작은 야고보라고 부른다. 순례도시 '산티아고 데 콤포스텔라'에 이름을 빌려준 산티아고는 제베대오의 아들 야고보, 곧 큰 야고보 사도이다.

전승에 의하면, 큰 야고보(이하 사도 야고보)는 스승님의 뜻대로 세상 끝까지 복음을 진하기 위해서 지금의 스페인 땅으로 선교여행을 떠났다. 그 후 그는 예루살렘으로 돌아왔다가 당시 통치자였던 헤로데 아그리파 왕에게 잡혀 참수형을 받고 세상을 떠난다. 사도 야고보의 시신은 제자들에 의해 생전에 그가 선교했던 스페인 땅으로 옮겨져 매장되었고, 이 사실은 사람들의 기억에서 사라진 채, 수많은 시간이 흘러갔다.

그로부터 수백 년 후 서기 813년, 펠라요라는 이름의 수도자가 하느님께 기도하는 중에 신비로운 빛에 이끌려 한 들판으로 나아갔다. 그리고 그곳에서 사도 야고보의 무덤을 발견한다. 바로 이 들판이 현재의 산티아고 데 콤포스텔라가 있는 자리였다. '산티아고 데 콤포스텔라'라는 지명은 '별(스텔라)이 비추는 들판(콤포스)에 있는 산티아고'란 뜻으로 볼 수 있다. 학자에 따라서 이 지명에 대한 다른 해석도 있지만 일반적으로 이 이론에 동의한다.

펠라요는 곧 사도 야고보의 무덤을 발견한 사실을 지역교회의 감독관인 테오도미루스 주교에게 보고하였고 주교는 그 무덤을 조사한 뒤, 사도 야고보의 무덤이 틀림없음을 확인하였다. 사도 야고보의 무덤 위에 성당이 세워졌고, 수도회가 인근에 자리했으며, 유럽의 수많은 그리스도교 신앙인들이 예수님의 12제자 중 하나인 사도 야고보의 거룩한 무덤으로 성지순례를 오기 시작하였다. 그 당시 그리스도교 성지순례는 예수님의 도시 예루살렘을 순례하는 것과 사도 베드로의 도시 로마를 순례하는 것이었는데 이에 사도 야고보의 도시 산티아고가 순례지로 추가되었다. 마침 이슬람군의 예루살렘 점령으로 예루살렘 성지순례가 어려워지자, 산티아고 순례자의 수는 더욱 더 늘어갔고 밀려드는 순례자들로 인해 도시의 규모는 더 커져갔다.

일반적으로 12-14세기를 산티아고 순례길의 황금기로 말한다. 이 시기 산티아고로 가는 중에 만나는 강들에 다리가 놓였고, 그 주변에 많은 마을들이 생겨났으며, 그 마을들에는 성당과 함께 순례자들을 돌보아주는 순례자 숙소인 오스피탈들이 생겨났다. 강도로부터 순례자들을 보호하기 위해 템플 기사단도 순례길 주변에 성을 짓고 순례자 보호활동을 했으며, 템플 기사단이 해

체된 후에는 성 요한 병원 기사단과 성묘 기사단, 산티아고 기사단 등이 그 일을 계속하였다. 그 후 산티아고 순례길의 황금기가 지나고 나타난 여러 가지 정치적인 변화로 인해 산티아고 순례자의 수는 감소하기 시작하였다.

산티아고 순례길은 비교적 최근에 들어와 다시 활기를 띠고 있다. 이런 경향에 발맞추어 1987년 산티아고 순례길은 최초의 유럽 문화재로 선포되었고, 1993년 유네스코 세계유산으로 등록되었다. 아직도 이 순례길을 순례하는 사람들은 유럽인들이 더 많지만, 최근 몇년 사이에 한국을 비롯한 동양인들도 순례자로 여행자로 이 길을 걷고 있어서, 이 길에서 동양인들을 만나는 것이 그리 어려운 일은 아니다.

순례를 위해 이 길에 섰든 아니면 여행을 위해 왔든, 그리스도교 신자든 아니든, 국적과 나이에 상관없이, 그리고 어떤 방법으로 이 길을 여행하든, 이 길을 여행하는 모든 사람은 이미 순례자라고 할 수 있다. 그 이유는 이 길에서 체험하는 모든 일들이 서로에 대한 배려와 그 배려에 대한 감사, 그리고 무언가 원하는 것을 청하는 기도와 연관되어 있기 때문이다.

용기를 내고 적절한 준비를 통해 자신에게 맞는 방법으로 이 길에 서 보자. 그때 우리는 한 사람의 소중한 인간으로, 인간의 본 모습인 배려와 감사와 기도를 배우고 실천하는 길에 스스로 서 있음을 발견하게 될 것이다.

산티아고 순례길은 매우 다양하다. 보통 십여 개의 순례길이 알려져 있는데 순례자들이 가장 많이 이용하는 길은 프랑스에서 피레네 산맥을 넘어 산티아고 데 콤포스텔라로 가는 '프랑스 길'이다.

중세 때 프랑스에서 산티아고 순례를 출발하는 지점으로는 네 도시, 파리Paris, 베즐레Vézelay, 르 퓌Le Puy, 그리고 아를Arles이 언급된다. 이 중 파리, 베즐레, 르 퓌에서 출발한 순례자들은 생장피에드포르Saint-Jean-Pied-de-Port를 통과해 피레네를 넘었고, 아를에서 출발한 순례자들은 더 동쪽에 있는 솜포르Somport를 지나 피레네를 넘었다. 이 두 길은 나중에 푸엔테 라 레이나Puente la Reina에서 합쳐져 하나의 길로 산티아고 데 콤포스텔라까지 이어진다.

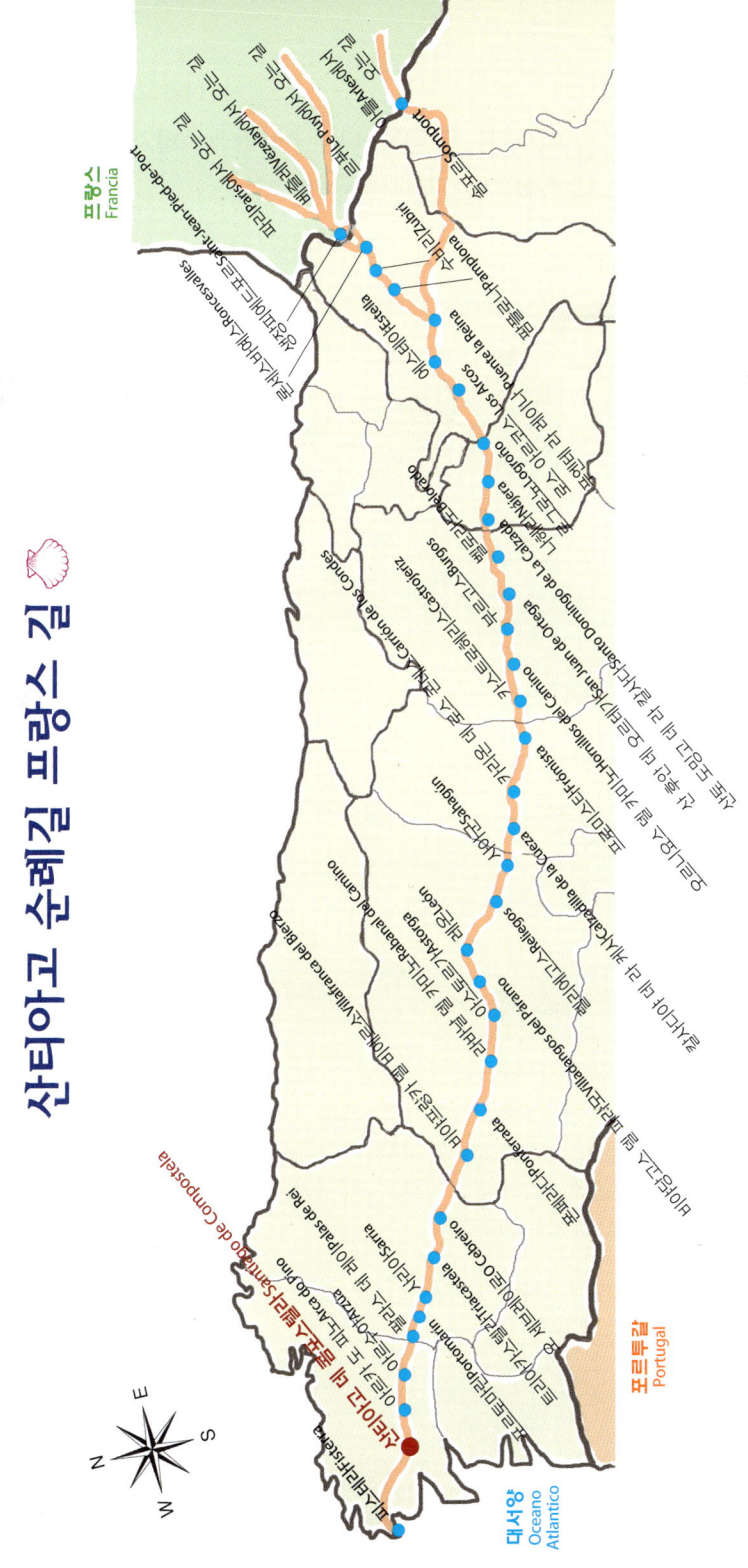

1 생장피에드포르 Saint-Jean-Pied-de-Port에서 론세스바예스 Roncesvalles까지

생장피에드포르 전경

▶ 산길을 이용하는 경우 25km

생장피에드포르　　　　오리송 봉 11.5km　　　　　　론세스바예스 13.5km
Saint-Jean-Pied-de-Port　Pic d'Orisson　　　　　　　Roncesvalles

▶ 발카를로스를 경유하는 경우 24km

생장피에드포르　　발카를로스 11.5km　　이바녜타 11km　론세스바예스 1.5km
Saint-Jean-Pied-de-Port　Valcarlos　　　　　Ibañeta　　　　Roncesvalles

　모든 일에는 시작이 있다. 그 시작은 아마도 누구에게나 어렵고 낯선 일임에 틀림없다. 오죽하면 '시작이 반'이라는 말로 시작의 가치를 그토록 높게 평가했을까? 여하간 나도 또 하나의 시작을 위해 낯선 땅에 두 발을 디뎠다. 짧게는 산티아고 순례 삼십여 일의 시작이지만, 길게 보면, 변화된 나로 살아갈 새 삶의 시작점에 서있는지도 모른다.

　내가 서있는 이곳은 프랑스 남서쪽 피레네 산맥 아래 생장피에드포르라는 마을이다.

나폴레옹 길
Route de Napoléon

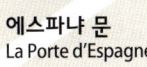

에스파냐 문
La Porte d'Espagne

D933

발카를로스
Valcarlos를
경유하는 길

생장피에드포르
Saint-Jean-Pied-de-Port

성모 승천 성당
Eglise Paroissiale de L'Assomption de la Vierge

순례자 사무소
Accuiel St.Jacques

주교 감옥
Prison des Evêques

시타델 가
Rue de la Citadelle

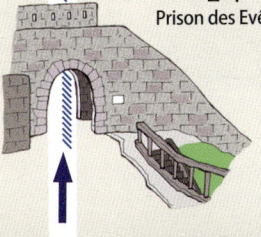

생 자크(성 야고보) 문
Porte St. Jacques

생장피에드포르
Saint-Jean-Pied-de-Port

프랑스 남서부 피레네 산맥으로 가는 길목에 자리한 생장피에드포르는 1177년 리처드 1세가 이끄는 군대의 공격으로 완전히 파괴되었으나, 나바라의 왕이 재건한 후 나바라 왕국 북부지역의 수도로 삼았다. 그 후, 프랑스를 거쳐 오는 많은 순례자들이 이 도시를 전진기지로 하여 피레네 산맥 정상에 있는 론세스바예스로의 여정을 시작하였다. 이런 전통이 오늘날까지 이어져 생장피에드포르는 산티아고 순례길 중 프랑스 길의 출발점으로 자리매김 되었다.

생장피에드포르를 통과하는 순례길은 도시 북쪽에 있는 생 자크 문으로 들어와서 남쪽 에스파냐 문을 나가 피레네 산맥으로 이어진다. 이 두 문 사이에 있는 시타델 가 Rue de la Citadelle는 옛 중심가로 생장피에드포르에서 중요한 장소들은 대부분 이 거리에 있다. 순례길인 이 거리에는 많은 바와 음식점, 상점들이 자리하여 먼 길을 떠나는 순례자들의 활력을 북돋아 주고 있다.

생 자크(성 야고보) 문
Porte St. Jacques

높은 성벽이 이어지는 생장피에드포르 북쪽 언덕 위에 13세기에 세워진 문이다. 프랑스에서 오는 순례자들은 이 문을 통해 들어와 순례를 계속하는데, 1998년 이 문은 카미노 데 산티아고의 일부로 유네스코 세계문화유산에 등재되었다. 생 자크는 성 야고보의 프랑스식 표기다.

주교 감옥 Prison des Evêques

'주교 감옥'이라는 이름은 특이하게도 아주 다른 두 개의 역사적 사건, 즉 14세기 말에서 15세기 초 이 지역에 주교가 살았던 일과 18세기 이 건물이 감옥으로 사용된 일이 뒤섞여 만들어진 것이다. 지금은 작은 박물관으로 사용되고 있다.

생장피에드포르 시타델 가

주교 감옥

생 자크 문

순례자 사무소 Accueil St. Jacques

주교 감옥을 지나 조금 더 가면 순례자 사무실이 있다. 이곳에서 순례자 여권Credenciale을 만들고 순례길 각 구간에 대한 거리와 높이 등이 표시되어 있는 자료 등 필수 정보를 얻을 수 있다. 사무실은 매일 오전 7시에서 오후 10시까지 문을 열며 겨울에는 약간 다를 수 있다.

🏠 **주소** 39 rue de la Citadelle 64220 Saint-Jean-Pied-de-Port
Tel. 05 5937 0509

순례지 사무소

성모 승천 성당 Eglise Paroissiale de L'Assomption de la Vierge

나바라 왕 산초 7세Sancho VII el Fuerte가 1212년 나바스 데 톨로사 Navas de Tolosa 전투에서 승리한 기념으로 니베 강의 다리 위에 세운 성당이다. 다리 위 탑 벽감에 아기 예수를 안고 있는 성모상이 있어 다리 위의 성모 성당Eglise Notre Dame du Bout du Pont으로 불리기도 한다. 현재의 성모자상은 복제품으로 원래의 조각상은 전쟁 때 도난당했다고 한다. 이 고딕 양식 성당의 첨탑은

순례자 여권인 크레덴시알레

1915년 화재로 사라졌으며 성당 건물은 이 도시에 있는 여러 다른 건물들처럼 붉은 사암으로 지어졌다.

성당의 내부는 큰 창문이 있음에도 비교적 어두우며 주제단화는 없다. 입구 쪽에 두 개 층의 회랑이 있는데, 18–19세기에 더 많은 인원을 수용하기 위해 만들어졌으며 바스크 전통에 따라 성인 남자들이 이곳에 앉았다고 한다. 성당은 1925년 5월 19일 역사기념물로 지정되었다.

성모 승천 성당 전경

다리의 성모

순례길의 출발을 앞두고 마음을 다잡기 위해 성당을 찾았다. 우선 이 순례를 건강하게 잘 마치게 해달라고 기도했다. 그리고 한국에 있는 지인들을 기억했고, 이 순례가 나와 이웃에게 의미 있는 순례가 되기를 청했다. 서둘러 이곳까지 왔고 이곳에 와서도 이것저것 준비하느라 분주했던 마음이 좀 진정되고 정리되었다. 아직도 여정에 대한 약간의 두려움은 남아 있지만 조용한 성당에서 큰 용기를 얻고 설렘으로 가득찬 순례의 여정을 시작한다.

성모 승천 성당 내부   나폴레옹 길에 있는 오리송의 산장

에스파냐 문 La Porte d'Espagne

론세스바예스를 향해 생장을 떠나는 순례자들이 지나는 문이다. 이 문을 나선 순례자들은 피레네 산맥을 넘게 된다.

에스파냐 문

피레네 정상 부근에 있는 론세스바예스로 가는 방법은 주요하게 두 가지가 있는데 하나는 발카를로스를 거쳐서 가는 것이고 또 다른 하나는 피레네 정상을 통과하는 길이다. 정상을 통과하는 길은 순례자들이 여름철에 애용하는 길로 나폴레옹의 군대들이 이곳을 지난 뒤부터 나폴레옹 길Route de Napoléon로 불리기도 한다. 나폴레옹 길은 겨울과, 산 정상에 눈이 남아있는 3, 4월까지 보통 폐쇄된다. 이런 경우 순례자들은 피레네 옆 계곡길인 발카를로스 경로를 따라 피레네 산맥을 넘는다. 이 계곡 중간에 발카를로스 마을이 있다.

발카를로스 전경

발카를로스/루사이데
Valcarlos/Luzaide

카를로 대제Carlomagno(샤를마뉴의 스페인식 표기)가 스페인 원정에서 철군하던 중 이곳에 머물렀던 데서 마을의 이름이 유래했다. 발카를로스의 바스크 식 이름 '루사이데' Luzaide는 '어두운 길'이란 뜻으로 이 마을의 위치가 피레네 산맥의 중턱 깊은 계곡 속에 있는 만큼 항상 산 그림자에 묻혀있기 때문일 것이다. 마을 끝에 산티아고 성당Iglesia de Santiago이 있다.

발카를로스 산티아고 성당

구세주 경당

이바녜타 Ibañeta

자동차도로의 정상 부근 이바녜타 고개에 11세기에 있었던 수도원을 기념하기 위해 현대적인 구세주 경당Ermita de San Salvador이 세워졌다. 1965년에 건립된 이 경당에는 큰 십자가와 작은 종탑이 있는데, 종은 안개와 깊은 산속에서 길을 잃기 쉬운 순례자들에게 방향을 알려주기 위해 설치되었다. 경당 옆 언덕 위에 전설의 영웅 롤랑의 기념비가 우뚝 서 있다.

이제 주사위는 던져졌다. 벌써 반이나(?) 왔으니, 이제 와서 그 반을 물리고 돌아설 수는 없다. 아직 몸도 마음도 훈련이 덜 되어 고갯길이 힘겹긴 하지만 피레네의 풍광과 상쾌함이 나를 앞으로 앞으로 나아가게 한다.

피레네를 넘는 순례자들은 어느 길을 선택하든지 힘겨운 산행을 하게 된다. 그나마 지금이야 길도 잘 닦이고, 비상시에 대비한 안전장치들이 있지만, 그 옛날 이곳을 넘던 순례자들의 사정은 지금과는 전혀 달랐다. 겨울에는 추위가, 다른 계절에도 산짐승과 강도들이 순례자들을 노렸고, 이 깊은 산에서 길이라도 잘못 들면 생명을 보존하기 어려웠을 것이다. 이런 어려움을 무릅쓰며 산을 넘는 중 사랑과 보호의 손길로 중무장하고 순례자를 기다리는 한 마을을 만나게 된다. 순례자들은 아마도 그곳을 천국으로 생각했을 것 같다. 론세스바예스가 바로 그런 곳이다.

론세스바예스
Roncesvalles

순례자 십자가
Cruz de los Peregrinos

성령 경당
Capilla del Espíritu Santo

산티아고 성당
Iglesia de Santiago

N-135

론세스바예스
전투기념비

산 아구스틴(성 아우구스티누스) 경당
Capilla de San Agustín

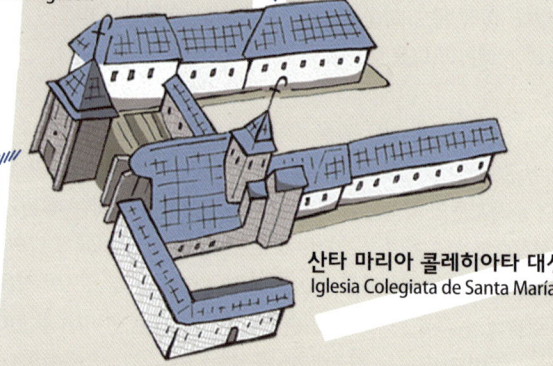

여행자
안내센터

산타 마리아 콜레히아타 대성당
Iglesia Colegiata de Santa María

이바녜타 구세주 경당
Ermita de San Salvador

롤랑의 기념비

산타 마리아 콜레히아타 대성당

론세스바예스/오레아가
Roncesvalles/Orreaga

피레네 산맥의 정상부를 지나면 성당과 수도원, 그리고 몇 개의 건물들이 모여 있는 작은 마을이 나온다. 순례자들이 피레네 산맥 정상을 넘은 후 만나는 첫 마을로, 산맥을 넘느라고 지친 몸과 마음을 쉴 수 있는 중요한 지점에 자리하고 있다. 이 작은 마을이 산티아고 순례길 전체에서 매우 중요한 론세스바예스이다. 오레아가Orreaga는 론세스바예스의 바스크식 이름인데 '가시 골짜기'라는 뜻이다.

12세기 초, 한 수도회가 순례자 숙소를 만들어 운영하면서 종교와 이념 등을 초월하여, 이곳을 지나는 도움이 필요한 모든 사람들을 보호하였다. 이런 헌신적인 활동이 순례자들의 입을 통해서 유럽 전역에 알려지면서 이 마을은 순례길의 중요한 명소가 되었다.

이곳은 피레네 산맥을 넘었던 카를로 대제 – 우리에게는 샤를마뉴로 잘 알려진 – 의 전설적인 흔적이 남아 있는 곳이기도 하다. 카를로 대제의 스페인 원정은 '롤랑의 노래'라는 유명한 서사시로 거듭났는데 이 시에 의하면 대제의 조카이자 원정대의 후위부대 지휘관이던 롤랑이 적군의 습격을 받았다. 롤랑은 원정대 전체를 보호하기 위해 싸우다가 장렬하게 전사했고 그 장소가 바로 이곳이라고 전해진다.

산타 마리아 콜레히아타 대성당
Iglesia Colegiata de Santa María

론세스바예스에서 가장 주목할 만한 건물로 13세기 산초 7세Sancho VII el Fuerte의 명으로 지어졌다. 프랑스 고딕뿐 아니라 일드프랑스l'Ile de

France 양식의 특징을 잘 보여주고 있다. 여러 번의 대형 화재로 어려움을 겪었고 17세기 이후 부분적으로 성당과 회랑 등이 재건되었다.

대성당 내부 제단 위에는 14세기 중반에 나무로 제작된 론세스바예스의 성모상이 있다. 고딕 양식으로 프랑스의 툴루즈에서 만들어졌으며 은받침에 놓여 있다.

산 아구스틴 경당 영묘(위)
산 아구스틴 경당 쇠사슬(아래)

산 아구스틴(성 아우구스티누스) 경당 Capilla de San Agustín

산타 마리아 콜레히아타 대성당을 지으라고 명했던 산초 7세의 무덤이 경당의 한 가운데에 있고 영묘는 경당을 재정비하였던 1912년에 만들어졌다. 경당 한쪽에 있는 작은 방에는 산초 7세의 명령으로 가져온

대성당 내부 제단(위)
론세스바예스의 성모상(아래)

나바스 데 톨로사Navas de Tolosa 전투 (1212년)의 노획품인 쇠사슬이 놓여 있다. 전설에 따르면 적장은 그의 천막을 방어하기 위해 이 쇠사슬로 경비병들을 묶어 둘러싸게 했다고 한다. 나바라 군대를 지휘했던 산초 7세는 이를 뚫고 전투를 승리로 이끌었다. 이를 기념해 나바라 왕국의 문장에는 쇠사슬 문양이 들어가 있다.

재건되면서 문 위에 둥근 창문과 순례자의 종이 추가되었다.

14세기 회랑

회랑 Claustro

산 아구스틴 경당 앞에 있는 사각형의 회랑은 14세기 것으로 1600년 폭설로 무너져 내린 후 1615년 다시 복구되기 시작했으며 1661년까지 공사는 계속되었다. 몇 개의 무덤이 벽에 남아있는데 이는 원래 회랑에 있었던 것들이다.

산티아고 성당 전경과 내부

산티아고 성당 Iglesia de Santiago

13세기에 만들어진 작은 고딕 성당이다. 사각형 건물로 단순한 원기둥이 천장을 받치고 있다. 18세기까지 교구 본당으로 사용되었으나 이후 오랫동안 버려졌다가 20세기에

성령 경당 Capilla del Espíritu Santo

'카를로 대제의 저장고'Silo de Carlomagno로도 불린다. 론세스바예스 전투에서 전사한 롤랑과 다른 기사들이 묻혔던 곳으로 전해진다. 12세기에 납골당으로 사용되던 우물 위에

돌로 벽을 쌓고 둥근 천장을 만들었다고 하며 여러 차례 개축되었지만 이 지역에서 가장 오래된 건물로 알려져 있다.

성령 경당과 전경 내부

순례자 십자가 Cruz de los Peregrinos

론세스바예스를 나오는 길 한쪽에 '순례자 십자가' 혹은 '오래된 십자가'로 알려진 고딕식 돌 십자가가 서있다. 두 사람의 모습이 새겨진 기둥머리 위에는 성모상이 있고 그 위에 동그란 꽃문양이 있는 고딕식 십자가가 있다. 1880년에 현재의 위치로 옮겨졌다.

론세스바예스 전투기념비

산티아고 성당과 성령 경당 앞에 론세스바예스 전투와 778년 롤랑의 죽음을 기념하는 조형물이 서있다.

론세스바예스 전투기념비

순례자 십자가

여행자 안내센터

여행자 안내센터

18세기 말에 지어진 옛 방앗간 건물을 개조한 여행자 안내센터가 운영되고 있는데 이곳에서 론세스바예스를 비롯한 나바라 지역의 주요 정보를 얻을 수 있다. 다양한 회화, 은공예 작품들을 소장하고 있는 론세스바예스 박물관도 있다.

순례길을 시작한 이후 스페인 땅에서 처음 배운 스페인 관련 지식은 바와 레스토랑의 차이였다. 스페인 땅 론세스바예스에 들어섰을 때, 식사를 하기 위해 눈에 보이는 레스토랑으로 들어갔다. 스페인 식사문화에 대하여 별로 아는 것이 없었기에 간단히 먹자는 생각에 그나마 아는 메뉴 보카디요(스페인 식 샌드위치)와 커피를 주문했다. 주문을 받은 직원은 약간 당황한 눈치를 보이더니 친절하게 스페인 식당에 대해 설명해주었다. 레스토란테^{Restaurante}와 바^{Bar}에 대한 설명이었는데, 레스토란테는 정식 식사를 하는 곳이라 간단한 샌드위치 종류는 판매하지 않고, 문 여는 시간도 현지 점심시간인 오후 1시 또는 2시 이후나 저녁시간인 오후 8시 이후라는 것이다. 대신에 바는 타파스^{Tapas}와 보카디요^{Bocadillo}와 같은 간단한 음식을 팔며, 하루종일 문을 연다고 했다. 스페인에 들어와서 처음 배운 이 지식은 이후 순례길에서 먹고사는 문제를 해결하는 데 큰 도움이 되었다.

어디를 여행하든 관광지가 아니라 주민들이 살고 있는 지역을 여행할 때는 현지의 문화와 관습을 미리 공부하는 것이 중요하다고들 말한다. 산티아고 순례도 이와 다르지 않다. 산티아고 순례길 또한 대부분 주민들이 생활하는 마을과 성당을 경유하며 그들과 함께 잠자고 먹고 기도하며 걷는 길이기 때문이다.

② 론세스바예스 Roncesvalles에서 수비리 Zubiri까지

수비리 라비아 다리

론세스바예스 Roncesvalles — 부르게테 Burguete 3km — 에스피날 Espinal 3.5km — 헤렌디아인 Gerendiain 3.5km — 에로고개 Alto de Erro 6.5km — 수비리 Zubiri 5.5km

총 22km

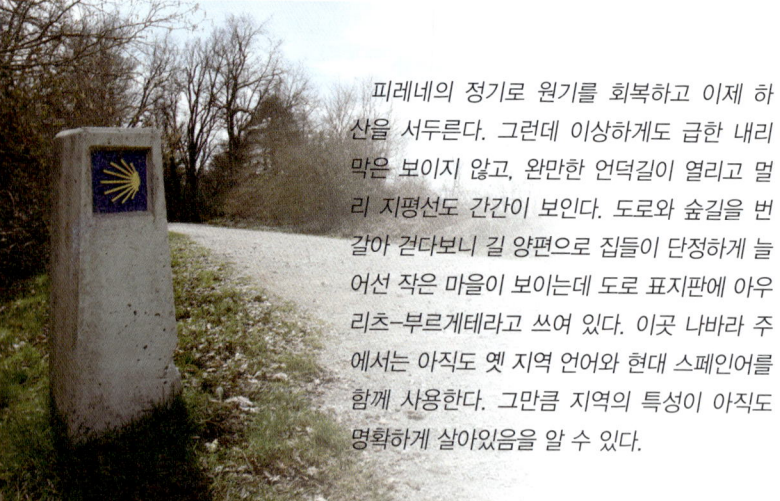

 피레네의 정기로 원기를 회복하고 이제 하산을 서두른다. 그런데 이상하게도 급한 내리막은 보이지 않고, 완만한 언덕길이 열리고 멀리 지평선도 간간이 보인다. 도로와 숲길을 번갈아 걷다보니 길 양편으로 집들이 단정하게 늘어선 작은 마을이 보이는데 도로 표지판에 아우리츠-부르게테라고 쓰여 있다. 이곳 나바라 주에서는 아직도 옛 지역 언어와 현대 스페인어를 함께 사용한다. 그만큼 지역의 특성이 아직도 명확하게 살아있음을 알 수 있다.

부르게테 산 니콜라스 성당

부르게테 / 아우리츠
Burguete/Auritz

부르게테의 기원은 12세기 론세스바예스와 연관된 순례자 숙소가 이곳에 생긴 데서 찾을 수 있다. 론세스바예스를 후원했던 산초 7세가 나바라의 순례길을 정비하자 많은 무역업자들과 귀족들이 이 마을을 통과하였고 더불어 마을도 번성하였다. 세계적인 문호 헤밍웨이의 소설『태양은 다시 떠오른다』에 등장해 더 유명해졌다.

부르게테는 1794년 프랑스와의 전쟁 때 화재가 일어난 이후 재건되었다. 르네상스 시기에 지어진 바리의 산 니콜라스(성 니콜라오) 성당Iglesia de San Nicolás de Bari은 성당의 정면만이 1699년에 건축된 것이고 내부의 제단 등은 프랑스 침입과 1962년 화재로 소실되었다가 현대에 복원되었다.

에스피날 / 아우리스베리
Espinal/Aurrizberri

1269년 나바라 왕국의 테오발드 Theobald 2세 왕이 세운 마을로 론세스바예스와 같은 평원에 자리한다. 스페인어로 'Espino'는 '가시'라는 뜻으로 '고통, 어려움' 등을 의미한다. 1961년에 현대적으로 지어진 산 바르톨로메(성 바르톨로메오) 성당 Parroquia de San Bartolomé이 있다.

에스피날을 지나면 길은 어느 새

헤렌디아인 산 페드로 성당

에스피날 산 바르톨로메 성당(위)
에스피날 거리(아래)

산길로 접어든다. '그럼 그렇지.' 피레네가 그렇게 싱겁게 끝날 리는 만무하다. 순례길은 산길을 오르내리며 찻길을 건너다닌다. 에로 강을 건너면 곧 작은 마을 헤렌디아인/비스카레타이다.

헤렌디아인 / 비스카레타
Gerendiain/Bizkarreta

바스크 지방어로 'Bizkar'는 '뒤쪽'을 의미한다. 이름처럼 이 도시는 에스피날 고개를 넘으면 있는 마을로 13세기에 건축된 로마네스크 양식의 산 페드로(성 베드로) 성당 Iglesia Parroquial de San Pedro이 있다.

에로 고개 Alto de Erro

한동안 숲길을 걷다가 고개에서 찻길과 교차한다. 조금 넓은 공터가 나오는데 이곳에서 쉬어가는 순례자들을 흔히 볼 수 있다. 전망이 좋고 순례길 안내판이 있다. 가끔 간식을 파는 트럭 바(매점)를 만나기도 한다.

수비리 Zubiri

론세스바예스와 팜플로나의 중간 지점인 수비리는 바스크어로 '다리가 있는 마을'이란 뜻이다. 다리의 이름은 '라비아 다리'Puente de la Rabia인데 '라비아'는 '공수병'을 의미한다. 전해지는 이야기에 의하면 이 다리를 세 번 건너면 동물들의 공수

에로 고개

병이 낫는다고 하여 주변마을에서 가축들을 데려와 이 다리를 건너게 했다고 한다. 이 전통이 그리스도교화되면서, 당시 수비리에서 공경 받던 가스코뉴Gascogne의 동정녀이자 순교자인 산타 키테리아Santa Quiteria의 덕으로 생각되었다. 산 에스테반(성 스테파노) 성당Iglesia Parroquial de San Esteban이 있으며 꽤 큰 숙박지구가 들어서 있다.

수비리 전경

수비리 산 에스테빈 성당(위)
수비리 알베르게(아래)

순례자는 말 그대로 큰 산을 넘었다. 피레네는 큰 산맥이다. 프랑스와 스페인을 나누는 경계 430킬로미터를 지중해로부터 대서양에 이르기까지 가로지른다. 이제 막 순례를 시작한 순례자들에게 조금은 가혹한 현실이지만, 아직 순례에 대한 열정이 큰 산과도 같을 때 이곳을 넘는 것은 차라리 다행일 수도 있다. 피레네는 자신의 덩치에 어울리는 용기와 산행의 어려움을 녹여줄 아름다운 자연으로 우리의 순례를 응원하기 위해 오늘도 그 자리를 지키고 있다.

3 수비리 Zubiri에서 팜플로나 Pamplona까지

트리니다드 데 아레 바실리카

총 19.5km

　순례를 시작한 지 얼마 되지 않아서인지 아직은 배낭도 불편하고 새로 갖춘 장비인 지팡이도 부자연스럽다. 그래도 스페인의 좋은 날씨가 이 산행을 즐겁게 만들어준다. 나뭇가지 사이로 보이는 파란 하늘과 밝은 햇빛, 만났다 헤어짐을 반복하는 아르가 강의 힘찬 물소리, 더욱이 좋은 것은 순례길에서 만나는 사람들이다. 순례자끼리는 물론이고 동네 아저씨도 어린이도 매점 주인도 만나면 '순례 잘 하세요' 하는 의미로 '부엔 카미노' Buen camino를 외친다. 수많은 순례자가 지나가는 곳이기에 낯선 이를 환영하는 것이 이 지역의 오래된 관습이란다. 다리는 좀 아프지만, 순례길 초반의 분위기, 그리 어둡지만은 않다.

다리에서 본 라라소아냐 마을 입구

푸엔테 데 로스 반디도스(도적의 다리)

수비리에서 다시 라비아 다리를 건너 순례길에 들어서면, 조용한 마을을 지난 언덕에서 큰 공장(마그네시타스 공장 단지)들을 보게 된다. 아르가 강을 따라 언덕길과 고갯길을 오르내리며 가벼운 트레킹 코스처럼 이 길을 지나간다. 혹시라도 비가 오면 미끄럼과 발빠짐에 주의하자. 이 길을 따라 작은 마을들이 줄 서 있는데 오스테리스Osteriz, 이야라츠Illárratz, 에스키로츠Eskirotz를 지나면 라라소아냐Larrasoaña에 다다른다.

라라소아냐Larrasoaña

14세기에 만들어진 '도적의 다리'라는 뜻의 푸엔테 데 로스 반디도스Puente de los Bandidos를 건너면 산 니콜라스(성 니콜라오) 성당Parroquia de San Nicolás에 이른다. 라라소아냐는 나바라 왕국의 의회가 있었던 도시로 여왕이 거주하기도 했다. 정치적으로 중요한 만큼 순례길에서도 중요한 곳이었을 것으로 보인다. 18세기에는 두 개의 수도회가 이곳에서 순례자를 돕는 활동을 했었다고 전해진다.

일정은 계속 아르가 강과 함께한다. 늘 큰 강을 보며 살아온 사람들에게는 강이라기보다 개울에 더 가깝게 보이지만, 힘찬 물소리를 들으며 나무가 울창한 강둑길을 걷다보면 모든 생명이 이 강으로부터 생겨나고 유지됨을 새삼 깨닫게 된다. 이 생명의 강물은 자연을 키우고 작은 마을들인 수리아인Zuriáin, 이로츠Irotz, 사발디카Zabaldika를 적시며 흐르다가 마침내 대도시 팜플로나Pamplona를 일구어낸다. 작은 강의 큰 힘이 느껴진다.

산 니콜라스 성당

수리아인 Zuriáin

아르가 강둑에 있는 작은 마을로 중세 때 만들어졌으나 중세의 흔적이 많이 남아 있지는 않다. 카스티야 지방 수호성인의 이름을 따른 산 미얀 성당Iglesia de San Millán이 있다.

사발디카 산 에스테반 성당의 위치를 알려주는 안내판

이로츠 Irotz

산 페드로 성당Iglesia de San Pedro은 1920년에 새로 지어졌으나 16세기의 건축양식을 따르고 있다.

사발디카 Zabaldika

성당 내부에 산티아고 상이 있는 13세기 산 에스테반 성당Iglesia de San Esteban이 있다. 성당은 순례길을 따라 마을로 들어와 135번 도로 건너편 언덕에 있다.

수리아인 산 미얀 성당(위)
이로츠 산 페드로 성당(아래)

사발디카 산 에스테반 성당

트리니다드 데 아레 바실리카 내부

아레 Arre

팜플로나에 들어가기 전에, 순례길은 아르가 강과 헤어지고 아르가의 작은 지류인 울사마Ulzama 강과 만난다. 로마시대부터 지정학적으로 중요했던 중세 다리를 건너면 트리니다드 데 아레 바실리카(아레의 삼위일체 대성당)Basílica de la Trinidad de Arre 가 나온다. 12–13세기 로마네스크 양식의 성당으로 여러 차례 개축, 증축되었다.

팜플로나 외곽 부를라다Burlada를 지나면 순례길은 다시 아르가 강을 만난다. 산타 마리아 막달레나에게 봉헌된 로마네스크 풍의 다리를 건너 성벽을 따라가다가 프랑스 문을 지나 성 안 구시가지로 들어간다.

바실리카 출입문(위)
바실리카 방문 기념 도장(세요)(아래)

팜플로나
Pamplona

산 로렌소(성 라우렌시오) 성당
Parroquia de San Lorenzo

카예 마요르 / Calle Mayor

산 니콜라스(성 니콜라오) 성당
Iglesia de San Nicolás

산토 도밍고(성 도미니코) 성당
Iglesia de Santo Domingo

산 사투르니노/산 세르닌 성당
Parroquia de San Saturnino/ San Cernin

시청
Ayuntamiento

프랑스 문
Portal de Francia

산타 마리아 카테드랄
Catedral de Santa María

막달레나 다리
Puente de la Magdalena

팜플로나/이루냐
Pamplona/Iruña

기원전 75년 율리우스 카이사르의 정적 폼페이우스가 로마에 대항하여 반란을 일으킨 퀸투스 세르토리우스의 군대를 정벌할 당시, 주둔지로 이 도시를 세우고 폼파엘로Pompaelo라고 불렀다. 이 이름이 변화되어 지금의 팜플로나가 되었다.

기원후 275년에는 게르만 족의 침략을 받았고, 8세기에는 아랍의 지배를 받았다. 778년 카를로 대제는 팜플로나/이루냐의 성벽을 파괴했는데 이것이 후에 나바라 인들의 복수심을 불러일으켜 롤랑의 서사시에 나오는 론세스바예스 전투의 원인을 제공한 것으로 알려져 있다.

산초 3세 시대에 나바라 지역의 순례길이 자리잡으면서 도시가 크게 발전하였다. 많은 프랑스인들이 순례길을 따라 이 도시를 거쳐 갔고 나바라 왕은 이들에게 자치권 Fueros(특정 지역에 국한된 자치법)을 주어 이들의 정착을 장려하였다.

새로 들어온 이주민들은 자치권에 따라 거주지에 자신들만의 성당을 짓고 이를 중심으로 생활하였다. 이에 따라 두 개의 이주민 자치구역, 즉 산 사투르니노/산 세르닌 요새 성당Parroquia de San Saturnino/ San Cernin을 중심으로 한 구역과 산 니콜라스 성당Igelsia de San Nicolás을 중심으로 한 구역이 생겼다.

결국 산타 마리아 대성당Catedral de Santa María을 중심으로 한 현지인 구역과 두 개의 이주민 자치구역, 총 세 구역이 있었는데 각 구역의 거주민들은 다른 구역으로부터 자신을 보호하기 위해서 구역을 둘러싸는 성벽을 쌓았고 팜플로나는 세 개의 구역 성벽을 가진 도시가 되었다. 15세기 카를로스 3세Carlos III가 그 성벽들을 무너뜨리고 하나의 성벽으로 둘러싸인 도시로 정비하였다.

팜플로나 성벽

막달레나 다리 옆 십자가

프랑스 문 내문

막달레나 다리
Puente de la Magdalena

12세기에 지어진 세 개의 아치가 있는 고딕 양식의 다리로 순례자들이 이 도시로 들어서는 입구이다. 다리 끝에는 돌 십자가가 있다.

프랑스 문 Portal de Francia

1553년 만들어진 문으로 주로 프랑스로부터 오는 순례자들이 이 문으로 들어와 프랑스 문이라고 불렸다. 제자리에 원래의 모습으로 보존되어 남아 있고 머리가 둘 달린 독

막달레나 다리

프랑스 문 외문

수리가 있는 카를로스 1세 황제의 문장이 새겨져 있다. 18세기에 두 번째 문이 바깥쪽에 건설되었는데 다리를 올리고 내리는 개폐장치가 그대로 남아있다. 1939년 도시 의회는 이 문을 수말라카레기 문Portal de Zumalacárregui으로 부르기로 했는데 카를리스트 전쟁이 있었던 1833년에 이 문을 통해 나가 카를리스트 군대에 합류한 장군 토마스 수말라카레기Tomás de Zumalacárregui를 기념하기 위해서이다. 그럼에도 불구하고 '프랑스 문'이라는 이름은 아직도 사용되고 있다.

카테드랄 Catedral de Santa María

폼페이우스가 이곳에 세운 로마 시대 도시가 자리했던 옛 시가지에 있다. 스페인의 유명한 건축가 마태오Mateo의 동료 에스테반Esteban이 로마네스크 양식의 대성당을 지었으나 14세기에 화재로 소실되었다가 고딕 양식으로 화려하게 재건되었다. 팜플로나를 하나의 도시로 만든 카를로스 3세 부부의 무덤과 함께 도시의 유물들, 예술품들을 소장하고 있는 박물관으로 사용되고 있다.

산 사투르니노/산 세르닌 성당
Parroquia de San Saturnino/ San Cernin

순례길은 구시가지를 지나서 산 사투르니노 성당으로 이어진다. 이 성당은 거주민들을 보호하기 위해 요새의 모습으로 지어졌다. 제단화에는 산 사투르니노 성인을 중심으로 왼편에는 세례자 요한 상이 오른편에는 산티아고 상이 서 있다.

프로방스 지역에서는 산 세르닌으로도 불리는 산 사투르니노는 3세기 중엽 프랑스 툴루즈 지방의 첫 주교였다. 그는 선교를 위해 제자를 먼저 팜플로나로 파견한 뒤 본인도 이곳에 와 활동하였다. 활동을 성공적으로 마치고 툴루즈로 귀환한 성인은 설교를 금지당하고 곧 체포되

카테드랄

으로 지어진 '길 위의 동정녀' 경당이 있다.

산 로렌소(성 라우렌시오) 성당
Parroquia de San Lorenzo

산 사투르니노 성당을 중심으로 한 프랑스 자치구역의 끝부분에 위치한 성당으로 이곳에서 가장 눈여겨봐야 할 곳은 산 페르민 경당이다. 성당을 들어서서 오른편에 있다. 제대 뒤에 성인의 15세기 반신상 아래 유해가 들어 있는 함이 보인다. 성상의 얼굴이 어둡게 보이는 것은 원래 그렇게 만들어졌거나 촛불의 그을림 때문으로 추정한다. 산 페르민은 팜플로나에서 처음으로 그리스도교 세례를 받은 이들 중 한 사람으로 팜플로나의 첫 주교가 됐다. 성인의 이름을 딴 세계적인 산 페르민 축제가 매년 7월 6일에 열리고 있다.

산 사투르니노/세르닌 성당 내부와 전경

었다. 이방신에 대한 경배를 거부한 결과였다. 결국 그는 소의 꼬리에 발이 묶인 채로 끌려다니는 형벌을 받고 250년경 11월 29일에 순교하였다. 성당의 내부에는 바로크식

산 로렌소 성당

산 로렌소 성당 내부

산토 도밍고(성 도미니코) 성당
Iglesia de Santo Domingo

16세기 건축물로 바로크 양식의 전면은 18세기에 만들어졌고 성당 정문에 조개 문양 장식이 있다.

산 니콜라스(성 니콜라오) 성당
Iglesia de San Nicolás

12세기에 산 니콜라스 구역의 중심 성당이었으며 구역의 거주민들을 보호하기 위해 요새 형태로 지어졌다. 1512년, 방어를 위해 있었던 두꺼운 벽과 감시초소 등은 사라졌다. 현재 성당은 라틴십자가 형태로 주랑과 측랑이 있다.

산 페르민 상

문에 조개 문양이 있는 산토 도밍고 성당

산 니콜라스 성당

시청

시청 Ayuntamiento

카를로스 3세가 세 개의 중세 자치구역의 통합을 선언한 후 세 구역이 만나는 곳에 이 시청 건물의 건축을 명했다. 바로크와 신고전주의 양식이 혼합된 건물로 2층 중앙 발코니에서 매년 산 페르민 축제의 시작을 알린다.

* 산 페르민 축제

13세기에 시작된 축제로 세계적으로 유명하다. 이 축제에서 특이한 행사는 엔시에로 Encierro라는 '황소 달리기'이다. 보통 7월 7일부터 14일까지 이어지며 산 사투르니노 성당의 시계가 7일 아침 8시를 알리면 시작된다. 황소들은 산토 도밍고 거리에 설치된 우리에서 825미터를 달려 투우장으로 이동하는데 시민들이 이 황소몰이에 참여한다.

* 팜플로나와 로욜라의 이냐시오 성인 San Ignatius de Loyola

이곳 팜플로나를 지나면서 기억해야 할 인물이 로욜라의 이냐시오 San Ignatius de Loyola 성인이다. 이냐시오는 1491년에 스페인 로욜라 성에서 태어나 방탕한 젊은 시절을 보낸 뒤 후에 군에 입대하여 기사가 되었다. 1521년 5월 20일, 그는 이곳 팜플로나에서 벌어진 프랑스군과의 전투에서 부상을 입고 포로가 되는데, 다행히 프랑스군은 그를 가족에게 돌려보내 주었다.

서른 살의 젊은 기사는 무기력한 자신을 이기기 위해 책을 읽기로 결심하였다. 그러나 그곳에서 그가 구할 수 있었던 책은 '그리스도 전기'와 몇몇 성인들의 삶을 기록한 책, 두 권뿐이었는데, 놀랍게도 이 책들이 이냐시오를 완전히 다른 사람으

카스티요 광장 헤밍웨이가 들렀다는 카페

를 안고 계신 성모 마리아의 환시를 체험하고 곧 회심의 길로 들어섰다.

몸이 회복되자, 그는 카탈로니아의 유명한 순례지인 몬세라트로 순례를 떠났고, 그 후 만레사 동굴에서 『영성수련Exercitia Spiritualia』이란 책을 썼다. 이 수련서는 아직도 널리 읽히고 있으며, 세상에 가장 큰 영향을 끼친 책 중 한권으로 평가된다. 1540년 9월 27일 그와 동료들은 '예수회'를 설립하였고 이냐시오는 초대 총장이 되었다.

로 바꾸어 놓았다. 그는 새로운 삶에 대해 생각하게 되었고, 이런 내면적인 체험을 할 즈음에 아기 예수

팜플로나는 인구 20만 명이 살고 있는 큰 도시이다. 프랑스 끄트머리 작은 산간마을에서 순례를 시작하고 스페인 땅으로 들어와서도 작은 마을과 산길을 전전하다 만난 큰 도시라서 왠지 모를 반가움이 앞섰다. 숙소를 찾아서 한동안 복잡한 시내를 걸었다. 그러나 큰 도시에서 내가 생각한 곳을 찾는 일은 그리 쉽지 않았다. 길가는 사람들에게 물어도 잘 모른다는 답뿐이었다. 나중에 알고 보니 내가 들어선 곳은 팜플로나와 연결된 외곽도시인 부를라다Burlada였다. 평생 도시에서 살아온 내가 산이 아니라, 모든 것이 익숙한 도시에서 길을 헤매다니……. 큰 도시에 온 기쁨에 잠시 방심한 결과이리라.

익숙할수록, 가까울수록, 잘 안다는 생각이 때로 날 어렵게 할 때도 있지 않은가?

카스티요 광장

4 팜플로나 Pamplona 에서 푸엔테 라 레이나 Puente la Reina 까지

페르돈 고개 정상 이정표(서울 9,700km)

팜플로나 Pamplona — 시수르 메노르 Cizur Menor 5km — 사리키에기 Zariquiegui 6.5km — 페르돈 고개 Alto del Perdón 2.5km — 우테르가 Uterga 3.5km — 무루사발 Muruzábal 2.5km — 오바노스 Obanos 2km — 푸엔테 라 레이나 Puente la Reina 2.5km

총 24.5km

시수르 메노르 Cizur Menor

팜플로나 외곽에 위치한 잘 정돈된 주택지역이다. 오래 전 이곳에 예루살렘 요한 수도회의 수도원과 순례자 숙소가 있어 이 지역을 통과하는 순례자들을 안전하게 보호하였다. 언덕 위에 요한 수도원의 일부로 1989년에 복원된 12세기 대천사 산 미겔(성 미카엘) 성당Iglesia de San Miguel Arcángel이 남아 있다. 1998년부터는 8세기 전의 전통을 이어 순

산 미겔 성당

례자 숙소가 다시 운영되고 있다.

교차로를 사이에 두고 맞은편 언덕에 또 다른 12세기 건축물 산 에메티오와 산 셀레도니오 성당Iglesia Parroquial de San Emetio y San Celedonio이 있다. 로마네스크 양식으로 지어졌으며 17세기에 종탑을 비롯한 건물 일부가 재건되었다.

산 에메티오와 산 셀레도니오 성당

사리키에기를 지나가는 순례자

시수르 메노르를 통과하자 그야말로 사방이 탁 트인 푸른색 벌판이 나타난다. 그런데 지평선에 있는 저 산맥은 무엇일까? 꽤 멀리 보이는 능선이 벌판 끝을 막고 있고, 정상부에는 풍력발전기가 일렬로 서서 능선을 가득 메우고 있다. 글쎄, 소설 돈키호테에서 풍차를 향해 돌격하는 주인공의 심정이 이랬을까? 그래도 산의 정상이 아닌 옆길로 돌아가겠지 하는 희망으로 벌판을 건너기 시작했지만, 순례길은 정확하게 그 산의 정상을 향해 나아가고 있었다.

페르돈 고개에서 내려본 평야

팜플로나와 페르돈 고개 사이의 이 벌판은 지리적으로 팜플로나 분지Cuenca de Pamplona로 알려져 있는데, 예전에는 이곳을 지나는 순례길이 두 마을을 통과하였다. 먼저 만나는 곳은 겐둘라인Guendulain으로 현재는 몇 건물의 유적만이 남아있다. 그리고 숲길로 들어가기 전 사리키에기Zariquiegui가 있다.

사리키에기 Zariquiegui

시수르 메노르에 자리잡았던 예루살렘의 요한 수도회가 이곳에서도 순례자 보호 활동을 했던 것으로 전해진다. 마을 규모에 비해 크기가 제법 큰 고딕 양식의 산 안드레스(성 안드레아) 성당Iglesia de San Andrés이 있다. 옛 로마네스크 성당의 문이 남아 있다.

페르돈 고개 Alto del Perdón

페르돈 고개는 해발 790미터의 장벽처럼 보이는 고개로 론세스바예스에서 푸엔테 라 레이나로 향하는 순례자들이 지나는 길에 있다. 현재는 팜플로나에 전기를 공급하기 위한 거대한 현대식 풍차가 언덕

사리키에기 산 안드레스 성당

순례자 기념물이 있는 산의 정상에 서서 보니 아주 멀리 피레네 산맥도 나지막이 보이고, 팜플로나 시내도 작게 보인다. 높은 산에 서보면, 작은 것은 그나마도 잘 보이지 않는다. 저 평원을 내가 걸어왔지만, 내가 걸어온 그 길도 잘 보이지 않는다. 그래서 높은 곳에서 보면 조금은 더 너그러워진다는 것일까? 이 고개의 이름은 '페르돈 고개', 즉 '자비의 고개'이다.

페르돈 고개의 발전용 풍차

의 능선을 따라 줄지어 서 있다. 나바르 지역에서는 처음 세워진 것이라고 하는데 40개가 설치되어 있다.

나바라 조각가 빈센테 갈베테 Vincente Galbete가 콤포스텔라 순례길을 주제로 만든 설치 작품도 바람을 맞으며 서 있다. 걷거나 말, 당나귀를 타고 순례하는 이들의 모습을 실제 크기로 표현했다. 세계의 주요도시까지의 방향과 거리를 적어놓은 이정표도 있다.

정상에서 앞으로 갈 길을 바라보면, 반대편 역시 넓은 평원이 펼쳐져 있다. 자세히 보면 오늘 거쳐 갈 마을들이 벌판 사이사이에 장난감처럼 자리하고 있다. 눈앞에 보이는 것은 평원이지만 이 고개를 내려가는 길은 가파른 내리막 돌길이다. 정신을 차리고 안전에 유의하며 이 내리막을 통과하자. 우테르가 Uterga와 무루사발 Muruzábal을 지나면 오바노스 Obanos에 이른다.

페르돈 고개 정상 기념물

우테르가 성모 승천 성당

우테르가 Uterga

성모 승천 성당Parroquia de la Asunción이 있다. 원래 건물은 16세기 고딕 양식으로 지어졌고 17세기에 종탑이 추가되는 등 여러 차례 개축되었다.

오바노스 Obanos

'귀족들의 회의Junta de los Infanzones'라는 별명으로 알려져 있다. 14세기에 지역 귀족들이 외국의 군주와 상위 귀족들에 대항하여 이곳에서 자신들의 권리를 강화하기 위해 만난 데서 유래한다. 인상적인 고딕 양식의 산 후안 바우티스타(성 요한 세례자) 성당Parroquia de San Juan Bautista이 있다.

현대의 오바노스는 종교극으로 유명하다. 2년에 한 번씩 8월에 연극 축제가 열리는데 주민들의 대다수가 역할을 맡아 참여한다. 중세부터 내려오는 산 기엔San Guillén과 여

무루사발 산 에스테반 성당

오바노스 산 후안 바우티스타 성당

무루사발 Muruzábal

14세기 초에 지어진 고딕 양식의 산 에스테반(성 스테파노) 성당Parroquia de San Esteban이 있다. 16세기와 17세기에 개축되어 현재의 모습이 되었다.

오바노스 중세 문

오바노스 산 후안 바우티스타 성당 주제단

동생 산타 펠리시아Santa Felicia에 관한 전설이 종교극의 주제로 자주 등장한다. 전설에 의하면, 순례를 하던 남매는 오바노스에 이르고 여동생 펠리시아는 순례자들을 돕기 위해 순례를 그만두고 오바노스에 머무르기로 결심한다. 이에 화가 난 기엔은 여동생을 죽이지만 곧 슬픔에 빠진다. 홀로 산티아고 순례를 마친 기엔은 오바노스에서 멀지 않은 곳에서 은수자로 여생을 마쳤다고 전해진다.

여왕의 다리
Puente la Reina

산 페드로(성 베드로) 성당
Iglesia de San Pedro

카예 마요르
Calle Mayor

푸엔테 라 레이나
Puente la Reina

산티아고 성당
Iglesia de Santiago el Mayor

십자가 성당
Iglesia y Convento del Crucifijo

푸엔테 라 레이나/가레스
Puente la Reina/Gares

프랑스 아를에서 출발하여 송포르Somport를 경유하는 아라곤 길이 이곳에서 프랑스 길과 합쳐져 하나의 길로 산티아고 데 콤포스텔라까지 이어진다. 그만큼 중요한 곳이었기에 이 작은 마을에 아르가 강을 건너는 큰 다리가 놓였고 이 다리와 함께 마을의 역사가 시작되었다.

12세기 아라곤 왕국의 알폰소 1세는 이곳에 새로운 도시를 만들고 도시의 옛 이름 푸엔테 데 아르가를 푸엔테 라 레이나/가레스로 바꾸었다. 도시의 이름 푸엔테 라 레이나는 '여왕의 다리'라는 뜻으로 다리의 이름에서 유래한다. 여기서 여왕Reina이 누구인지에 대해서는 의견이 분분한데 순례자들을 위해 이 다리를 만들게 한 산초 3세의 왕비 도냐 마요르를 말한다는 설도 있고 특정인물을 가리키는 것이 아니라 언어적 변형 – 예를 들어, 아르가 강의 다른 이름인 루나Runa – 에서 온 것이라는 설도 있다. 새로운 도시는 중심거리인 카예 마요르Calle Mayor를 중심으로 건물들이 배열되었고 이 모습이 현재까지 유지되고 있다.

푸엔테 라 레이나 십자가 성당

십자가 성당
Iglesia y Convento del Crucifijo

N-111 도로를 따라 푸엔테 라 레이나로 들어가 구시가지를 만나기 전 좌측에 있다. 이 십자가 성당에 있는 고딕 양식의 Y자 모양 십자가 Crucifijo가 유명하다. 이 고딕 십자가는 14세기 초에 만들어진 것으로 그리스도의 얼굴과 V자 모양의 팔, 몸에서 고통이 잘 드러난다. 템플기사단의 상징으로 쓰였다고 한다. 전해지는 이야기에 의하면, 어느 독일 순례자들이 산티아고에서 순례를 마치고 돌아오는 길에 푸엔테 라 레이나에서 받은 도움에 감사하기 위해 그들이 순례 동안 지고 다녔던 이 십자가를 봉헌했다고 한다.

주제단에는 로마네스크 양식의 우에르타스의 성모상 Santa María de las Huertas이 있다.

십자가 성당 내부

우에르타스의 성모상

Y자 모양 십자가

산티아고 성당
Iglesia de Santiago el Mayor

구시가지의 중심거리인 카예 마요르Calle Mayor에 있으며 성당 현관에는 아름다운 5단 아치 볼트가 있다. 이는 12세기에 지어진 로마네스크 양식의 원래 성당에서 보존된 것으로 아랍 문화의 영향을 받았을 것으로 보인다.

내부에 바스크어로 '검은'이라는 의미의 '벨차Beltza'라고 불리는 산티아고 성상이 있다. 벨차는 이 성상이 작은 다락에서 발견되었을 때 검은색으로 보였기 때문에 붙여진 이름이다. 현재의 모습은 복원을 거친 것이나 원래의 모습에 이르지는 못하였다고 한다. 한 손에는 지팡이를 잡고, 다른 손으로는 외투를 쥐고 있는 모습이 순례자를 표현한다. 순례자 모습을 한 고딕식 산티아고 조각상 중 가장 유명하다.

산티아고 성당 정문 아랍식 문양(위)
벨차(산티아고 동상)(아래)

산티아고 성당 전경

산 페드로 성당

여왕의 다리 Puente la Reina

마을 끝에 있는 고풍스러운 다리로 아름다운 전설이 전해진다. 마을 주민들은 이 다리의 경당에 모셔져 있는 성모상에 매일 작은 새가 찾아오는 것을 여러 차례 목격하였다. 이 작은 새는 자신의 부리로 강물을 떠서 성모와 아기 예수의 얼굴로 가져가 흘리고는 날개로 닦아 주었다. 주민들은 이 기특하고 신기한 새의 행동을 보려고 애타게 기다리곤 하였다고 한다. 이 성모상은 '푸이의 동정녀'Virgen del Puy인데 이 일로 인해 '작은 새의 동정녀'Virgen del Toxri라는 별명을 얻게 되었다. 바스크어 Txori는 '작은 새'를 의미한다. 이 성모상은 지금은 산 페드로 성당에 모셔져 있다.

작은 새의 동정녀상

산 페드로(성 베드로) 성당
Iglesia de San Pedro

14세기 고딕 건축물로 '작은 새의 전설'로 잘 알려진 '작은 새의 동정녀Virgen del Puy'상이 있다.

여왕의 다리

  자비를 실천하는 일은 첫 번째로 남의 잘못을 용서하는 것이고, 두 번째는 남에게 도움을 주는 것이다. 페르돈 고개에서 용서를 체험한 순례자는 이제 푸엔테 라 레이나에서 남에게 주는 도움을 배운다.

  그 옛날 순례자들에게 가장 어려운 일은 강을 건너는 일이었다. 순례자들이 순례길에서 강을 만나면, 그 강을 건너기 위해 하루나 이틀을 멀리 돌아가기도 하고, 강을 건너다가 세찬 강물에 목숨을 잃기도 했었다. 그래서 그 당시 왕이나 귀족이나 부자들이 할 수 있는 최고의 자선은 강에 다리를 놓아주는 것이었다. 푸엔테 라 레이나(여왕의 다리)는 어느 여왕이 놓아준 다리라고 해서 붙여진 이름이라고도 했다. 비록 여왕이 아니더라도 남에게 자선을 베풀 기회는 언제나 가까이에 있다.

5 푸엔테 라 레이나 Puente la Reina에서 에스테야 Estella까지

로르카 산 살바도르 성당

푸엔테 라 레이나 Puente la Reina — 마네루 Mañeru 5km — 시라우키 Cirauqui 3km — 로르카 Lorca 5.5km — 비야투에르타 Villatuerta 5km — 에스테야 Estella 4.5km

총 23km

푸엔테 라 레이나를 떠나면서 이제 순례길의 입문을 마쳤다는 생각이 들었다. 등에 진 배낭도 익숙해지고 하루 여덟 시간 걷는 것도 그런대로 자리가 잡혔다. 조금 여유가 생겼는지 이제야 주변이 보이기 시작한다. 다리를 건너는데, 어제 길에서 만났던 노부부가 있다. 밀라노에서 왔다는 이 부부가 함께 사진을 찍자고 한다. 아직 방학이 되지 않아서인지 나이가 좀 있는 순례자들이 많이 보인다. 시작은 성지순례를 위한 신앙의 길이었지만, 그 성격은 확장되었다. 도전을 위해, 자기 성취를 위해, 레저를 위해, 그리고 자신의 삶을 돌아보기 위해 오늘도 다양한 나이와 국적의 사람들이 이 길을 걷는다.

마녜루 Mañeru

16세기 돌 십자가와 아름답게 장식된 집들, 고딕의 흔적이 남아 있는 18세기 바로크 양식의 산 페드로(성 베드로) 성당Iglesia de San Pedro이 있다.

산 페드로 성당

시라우키 Cirauqui

마녜루를 지나 포도밭과 올리브밭을 따라 걷다 보면 언덕 사이로 주택들이 빼곡히 들어차 작은 산을 이룬 듯 보이는 마을이 나타난다. 이곳이 시라우키로 '뱀의 둥지'라는 뜻이다. 중세 도시의 모습을 유지하고 있으며 성벽, 13세기 성문과 함께 두 개의 오래된 성당이 보존되어 있다.

산 로만 성당
Iglesia de San Román

언덕 위에 있는 로마네스크 양식의 성당으로 13세기에 지어져 17세기에 개조되었다. 집들이 이 성당을 중심으로 퍼져 있다. 성당 정문에는 이슬람 문화의 영향으로 보이는 작은 말발굽 모양의 아치가 있다. 푸엔테 라 레이나의 산티아고 성당과 에스테야의 산 페드로 성당에도 이와 비슷한 형태의 아치가 있는 문이 있다.

산 로만 성당 전경과 정문

시라우키 마을 전경

시라우키 산타 카탈리나 성당

로르카 무인 휴게소

산타 카탈리나(성카타리나) 성당
Iglesia de Santa Catalina de Alejandría

중심가에 있는 또 다른 성당으로 성 로만 성당처럼 13세기 초반에 지어졌다.

로르카 Lorca

주택들이 산티아고 순례길 양 옆으로 줄지어 서있는 전형적이고 역사적인 순례 마을이다. 13세기부터 순례자 숙소가 있었다고 한다. 산 살바도르(구세주) 성당 Iglesia de San Salvador이 있다. 성당 앞쪽에 자판기와 의자가 있어 순례자들이 잠시 쉬어갈 수 있는 무인 휴게소가 있다.

비야투에르타 Villatuerta

로마네스크 양식의 다리로 이란수Iranzu강을 건너서 들어가면 비야투에르타이다. 로마시대부터 있었던 마을로 추정되는데 마을의 이름도 '복잡하고 구불거리는 마을'이라는

로르카 산 살바도르 성당

비야투에르타 성모 승천 성당

에스테야/리사라
Estella/Lizarra

포도밭과 올리브 밭 사이를 지나서 낮은 언덕을 오르내리며 순례길을 걷다 보면 만나는 도시가 에스테야이다. 물푸레나무란 뜻의 옛 바스크 이름 리사라Lizarra/Lizarrara는 이곳에 프랑스인들이 새로 정착하면서 '별'을 뜻하는 라틴어 이름 에스테야Estella로 바뀌었다.

별의 인도로 산티아고의 무덤이 발견되었고 그 별을 따라가는 순례길이 산티아고 순례길이란 인식이 널리 퍼져 있었기에, 도시의 새 이름을 '별'을 뜻하는 '에스테야'로 정한 것은 산티아고 순례길과 관련이 있는 도시임을 드러내고자 하는 의도였던 것으로 보인다.

에스테야의 기원은 1090년 산초 라미레스Sancho Ramírez 왕이 이 도시에 정착하는 프랑스인들에게 자치권을 준 데서 찾을 수 있다. 그 영향

뜻의 vilatorta라는 로마어에서 기원을 찾을 수 있다. 15세기 고딕 양식의 성모 승천 성당Iglesia de la Asunción이 있다. 마을 외곽에 베네딕토 수도회가 사용했던 10세기 말 건축물 산 미겔(성 미카엘) 경당Ermita de San Miguel이 있다.

산 미겔 경당

산 미겔 경당 내부

에스테야
Estella

산 후안 바우티스타
(성 요한 세례자) 성당
Iglesia de San Juan Bautista

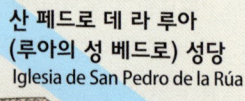

산 페드로 데 라 루아
(루아의 성 베드로) 성당
Iglesia de San Pedro de la Rúa

나바라 왕들의 궁전
Palacio de los Reyes de Navarra

산 미겔(성 미카엘) 성당
Iglesia de San Miguel

NA-1110

라 카르셀 다리
Puente de la Cárcel

산토 세풀크로(성 무덤) 성당
Iglesia del Santo Sepulcro

으로 산티아고 순례길이 이 도시를 지나도록 재정비되었고 자치구역도 여러 개 생겨났다. 가장 먼저 에가 강둑에 산 마르틴 자치구역이 형성되었고 이어 12세기에는 강 건너편에 산 미겔, 산 후안, 산 살바도르 엘 아레날 자치구역이 만들어졌다. 이들은 각각 자기 구역 거주자들을 위한 성당을 세워 이를 중심으로 생활하였으며 에스테야를 지나는 순례자들을 돌보는 일에 적극적으로 나섰다.

산토 세풀크로 성당 정문 팀파눔

산토 세풀크로(성 무덤) 성당
Iglesia del Santo Sepulcro

12세기에 건축되기 시작했으나 미완성인 채로 남아 있다. 한때 순례자 거리 Rúa de los Peregrinos로 불렸던 카예 쿠르티도레스 Calle Curtidores에 위치하며 1881년부터 폐쇄되었다.

고딕 양식의 전면이 잘 보존되어 있는데 전면의 상단에는 문을 중심으로 양 옆에 여섯 개씩, 열두 사도상이 벽감에 늘어서 있다. 정문 바로 위 팀파눔에는 예수의 일생을 주제로 한 조각이 세 부분으로 구성되어 있다. 첫 번째 단에는 십자가 위의 그리스도가 묘사되어 있는데 십자가 바로 양 옆에 군사들, 각 군사의 왼편에는 성모님, 오른편에는 사도 요한이 있다. 가운데 단에는 왼편부터, 천사가 발현한 그리스도의 무덤을 방문한 마리아 일행, 지옥에

산토 세풀크로 성당

서 영혼을 구원하는 예수님, 마리아 막달레나에게 나타난 부활한 예수님의 모습이 표현되어 있다. 가장 하단에는 최후의 만찬 모습이 보인다.

문의 왼편에는 순례자 복장을 한 산티아고 상이 오른편에는 투르의 산 마르틴 상이 있다.

나바라 왕들의 궁전
Palacio de los Reyes de Navarra

12세기 중반에 지어진 로마네스크 양식의 건축물이다. 12세기 후반부터 15세기 중반까지 나바라 왕국의 왕과 왕비들이 살았던 궁전으로 1931년 국가기념물로 지정되었다.

1991년부터 화가 구스타보 데 마에스투의 작품들을 소장한 박물관 Museo Gustavo de Maeztu으로 사용되고 있다.

산 페드로 데 라 루아(루아의 성 베드로) 성당
Iglesia de San Pedro de la Rúa

나바라 왕들의 궁전과 산 마르틴 광장 사이 길로 들어가면 높은 계단 위에 산 페드로 데 라 루아 성당이 있다. 에스테야에서 가장 큰 성당으로 중세에는 순례자 묘지로 사용되었다.

성당 입구 계단을 지나 조금 더 가면 왼쪽으로 난 좁은 골목 안에 엘리베이터가 설치되어 있다. 이 엘리베이터를 타고 올라가면 성당의 12세기 회랑 입구가 나온다. 이 회랑은 아름다운 로마네스크 조각들로 유명한데 여기에 산 안드레스(성 안드레아) 경당 Ermita de San Andrés이 있다. 성 안드레아 사도가 이 도시의 주보성인이 된 이유에 관하여는 다음과 같은 전설이 전해진다.

1270년경, 그리스 서쪽 도시인 파트라스의 주교는 순례길에 오르면서 선물로 파트라스에서 순교한 성 안드레아의 어깨뼈를 모시고 갔다. 주교는 겸손한 사람이었고 혼자 걸어서 순례를 했다. 순례자 숙소에서 여느 순례자들처럼 머물면서 순례를 이어가던 중 그는 앓고 있던 병이 악화되었고 자신이 가져온 선물을 품에 간직한 채, 세상을 떠나고

나바라 왕들의 궁전과 궁전 기둥머리에 있는 롤랑과 페라굿 조각상

산 페드로 데 라 루아 성당

말았다.

사람들은 그를 산 페드로 성당 수도원에 묻었는데, 신비한 빛이 그 무덤을 떠돌았다. 성당의 사제가 그 이유를 알고자 무덤을 확인하자 주교의 품속에서 작은 상자가 발견되었다. 그 안에는 성 안드레아의 유해와 그를 증명하는 문서가 들어 있었다. 이를 계기로 성 안드레아는 이 도시 에스테야의 수호성인으로 선포되었다.

산 페드로 성당 회랑(왼쪽) 회랑으로 올라가는 엘리베이터(오른쪽)

라 카르셀 다리 Puente de la Cárcel

산 마르틴 구역과 산 미겔 구역을 연결하는 다리로, 라 카르셀은 '감옥'이라는 뜻이다. 산 마르틴 다리 혹은 아수카레라 다리로도 불린다. 19세기 후반에 끊어졌으나 1971년 재건되었다.

산 미겔(성 미카엘) 성당
Iglesia de San Miguel

12세기 말에 짓기 시작해 여러 해를 거쳐 완성된 이유로 여러 가지 건축양식을 볼 수 있다. 후기 스페인 로마네스크 양식의 북쪽 전면이 유명하다. 정문의 윗부분 팀파눔에는 왕좌에 앉은 그리스도의 이미지가 있고 그 주위에 사복음서의 저자들, 그리고 성모님과 사도 요한이 서 있다.

산 미겔 성당 전경과 정문 팀파눔

라 카르셀 다리

멀리서 본 산 미겔 성당

산 후안 바우티스타(성 요한 세례자) 성당 Iglesia de San Juan Bautista

산 미겔 성당에서 좀더 가면 또 다른 자치구역의 성당이었던 산 후안 바우티스타 성당을 만난다.

산 후안 바우티스타 성당

에스테야에 도착해서 다음 할 일은 숙소에 여장을 푸는 일이다. 생각보다 큰 도시의 복잡한 옛 거리와 골목에서 내가 생각한 곳을 찾는 것은 그리 쉽지 않았다. 특히 아직도 엄격하게 지켜지는 시에스타(오후 2시경부터 오후 5시까지의 휴식시간)의 전통 때문에 이 시간에는 거리에 사람도 없고, 문 언 가게도 찾을 수 없는 경우가 많다. 한참을 헤매고 있을 때, 중년의 남자가 운동복 차림으로 내려온다. 일곱 시간을 걸어 이곳에 왔으니 이젠 더 주저할 수 없다. 손짓발짓으로 내가 가고자 하는 지역을 열심히 설명했다. 다행히 만국공통어인 보디랭귀지가 통했고, 그분은 약 20분가량을 땀을 흘리며 나와 함께 걸어 목적지에 데려다 주었다.

가끔 천사의 출현을 경험할 때가 있다. 트레이닝복을 입고 나타났지만 천사가 위장한 것임에 틀림없다. 천사들은 우리에게 자신의 날개를 감추고 나타나기를 좋아한다.

6 에스테야Estella에서 로스 아르코스Los Arcos까지

비야마요르 데 몬하르딘 전경

에스테야 Estella — 아예기 Ayegui 2km — 이라체 Irache 1.5km — 아스케타 Azqueta 4.5km — 비야마요르 데 몬하르딘 Villamayor de Monjardín 1.5km — 로스 아르코스 Los Arcos 12km

산길 총 21.5km

아예기 Ayegui

아예기 산 마르틴 성당

　에스테야를 벗어나면서 지나는 마을로 17세기 바로크 양식의 산 마르틴 데 투르(투르의 성 마르티노) 성당Iglesia San Martín de Tours이 있다.

　산티아고 순례길이 형성되면서 먼 길을 걸어 순례를 하는 사람들이 남루한 모습으로 마을에 나타났다. 많은 사람들은 곧 '가난한 사람한 명을 돌보아주는 것이 곧 주님을 돌보아주는 것'이라는 예수님의 말씀을 기억해냈다. 그래서 그들은 그 가난한 사람을 위해 뭔가 할 일을 찾기 시작했다. 순례길이 지나는 마을 성당이나 수도원마다 순례자 숙소를 만들고, 가정에서도 자기 집의 헛간을 열어주고 식사도 대접했다. 이런 산티아고 순례길의 특징, 즉 나눔을 잘 보여주는 또 하나의 장소가 인근에 있다.

이라체 Irache

와인의 샘 Fuente del Vino

유명한 이라체 수도원에 도착하기 직전, 포도주 저장고 외벽에 나눔의 정신을 실천하는 특별한 샘이 있다. 벽에는 산티아고 상 아래 두 개의 꼭지가 설치되어 있는데, 한쪽에서는 물이 나오고 다른 쪽에서는 포도주가 나온다. 요즘은 플라스틱 물병 덕에 샘의 필요성이 예전 같지는 않지만, 이 샘이 열린 1891년경에는 순례자에게 큰 도움이 되는 장소였을 것이다. 이 샘은 아직도 잘 운영되고 있어서, 순례자들의 육적인 목마름과 함께 영적인 목마름도 해결해 주고 있다.

이라체의 산타 마리아 라 레알 수도원 Santa María la Real de Irache

와인의 샘에서 조금 떨어진 곳에 거대한 수도원 건물이 보인다. 이곳은 스페인에서 매우 중요한 베네딕토회 수도원이었다. 순례자 숙소, 대학, 군사병원 등 다양한 시설이 있었으나 19세기에 수도회는 다른 곳으로 이전하였다.

옛 수도원은 8세기경 지어진 것으로 추정되며 11세기 중반에 나헤라의 가르시아 García el de Nájera 왕이 순례자 숙소를 수도원 안에 세웠다. 이곳은 나바라 지역에서는 첫 번째 순례자 숙소로 론세스바예스의 것보다는 한 세기나 앞선다. 이때는

이라체 와인의 샘

이라체 산타 마리아 라 레알 수도원

산 베레문도San Veremundo가 대수도원장으로 있을 때로 수도원의 전성기였다. 산 베레문도는 가난한 순례자들에게 음식을 나눠주었던 것으로 유명하다.

이라체에서 로스 아르코스에 이르는 순례길은 크게 둘로 나뉜다. 이라체 수도원을 지나서 길이 갈라지는데, 첫 번째 길은 이라체 마을을 지나 아스케타와 비야마요르 데 몬하르딘을 통과하는 길이다. 두 번째 길은 이라체 수도원을 지나서 곧 숲길로 들어선다. 호젓한 숲길로 계속 가다가 루킨Luquín이란 마을을 지나서 다시 첫 번째 길을 만나고 여기서 로스 아르코스까지 같은 길로 간다.

순례길에는 중간중간 우회로가 많이 있다. 다행히 대부분의 안내서에는 이 우회로들이 잘 표시되어 있다. 산길을 선택하는 경우에는 물과 간단한 간식을 미리 준비하는 것이 좋다. 여기서는 첫 번째 길을 소개한다.

아스케타 Azqueta

중세에 세워진 산 페드로(성 베드로) 성당Iglesia de San Pedro이 있다. 16세기에 르네상스 고딕 양식으로 개축되었고 최근에 보수되었다.

비야마요르 데 몬하르딘
Villamayor de Monjardín

비야마요르 데 몬하르딘 언덕의 정상에는 산 에스테반(성 스테파노)San Esteban의 성채 유적이 남아 있다. 12세기 로마네스크 양식의 산

아스케타 산 페드로 성당

비야마요르 데 몬하르딘 산 에스테반 성채

안드레스(성 안드레아) 성당 Iglesia de San Andrés Apóstol 입구 네 개의 기둥 머리 중 하나에 롤랑과 페라굿의 싸움이 묘사되어 있다. 성당 내부에는 12세기의 은도금 로마네스크 십자가가 있는데 나바라에 남겨진 몇 안 되는 로마네스크 은제품 중 하나라고 한다.

로스 아르코스 Los Arcos

현재 인구 1300명의 소도시로, 오랜 역사를 가진 곳이다. 도시 인근에 철기시대 것으로 보이는 고고학 발굴지가 있다. 로마시대를 거쳐 이곳에 도시가 형성되었으며 로스 아르코스라는 이름은 12세기경부터 사용되었다.

산티아고 순례길의 영향으로 도시가 급속도로 성장하였고 카스티야와 나바라의 접경 지역이라는 지정학적 이점 때문에 국경무역의 중심지가 되었다. 자연스레 환전과 관련된 경제활동이 활발했고 이와 관련하여 유다인(유태인)들이 많이 거

비야마요르 데 몬하르딘 산 안드레스 성당(위)
성당 정문의 기둥머리에 있는
롤랑과 페라굿의 전투 장면(아래)

산타 마리아 데 로스 아르코스 성당 주제단

주하였다.

    도시 중심에 로마네스크, 고딕, 르네상스와 바로크에 이르기까지 12세기 후반에서 18세기까지 다양한 건축양식이 섞여 있는 산타 마리아 데 로스 아르코스 성당Parroquia de Santa María de Los Arcos이 있다. 성당 전면은 플라테레스크 양식으로 장식되었고 내부에는 고딕 성모상이 있는 17세기 주제단화가 있다. 경당들은 르네상스와 바로크 양식의 장식이 주를 이루나 성당 뒤쪽에 있는 성모의 엘리사벳 방문 제단화는 15세기 후기 고딕 양식으로 제작되어 다른 작품들과 구별된다. 16세기 후기 고딕 양식의 회랑이 있다.

산타 마리아 데 로스 아르코스 성당

산타 마리아 데 로스 아르코스 성당 뒤 엘리사벳 방문 제단화

로스 아르코스 숙소에 들어서니 여주인이 반겨준다. 아직 순례자가 많을 때가 아니라서 더 반갑게 맞이하는지도 모른다. 그 주인은 스페인어와 불어만 할 줄 아는 분이었다. 그래도 그 집에 하루 묵어가는 데 불편함이나 어려움은 전혀 느껴지지 않았다. 내가 이곳에 왜 왔는지, 무엇이 필요한지 그 생면부지 여주인은 이미 잘 알고 있는 눈치다.

순례를 준비하는 많은 사람들이 의사소통을 걱정하곤 한다. 개인적으로 외국인들을 만나는 일이 많기 때문이다. 의사소통을 하는 데 있어 언어의 중요성을 무시할 순 없지만 가장 훌륭한 소통 방법은 상대방에 대한 관심과 배려일 수 있다. 특히 낯선 사람에 대한 관심과 배려는 그가 무엇이 필요한지를 알게 하며, 서로 다른 언어를 말하면서도 그 사람과 나를 순례길의 한 가족으로 만들어 주는 신비한 힘을 지니고 있기 때문이다.

6 에스테야에서 로스 아르코스까지

7. 로스 아르코스 Los Arcos에서 로그로뇨 Logroño까지

로그로뇨 산티아고 엘 레알 성당 산티아고 상

로스 아르코스 Los Arcos — 산솔 Sansol 7km — 토레스 델 리오 Torres del Rio 0.5km — 포요의 성모 경당 Ermita de Nuestra Señora del Poyo 3km — 비아나 Viana 8km — 로그로뇨 Logroño 9.5km

총 28km

    오늘날 스페인의 행정구역은 크게 2개의 자치도시와 17개 자치역Comunidad Autónoma으로 구분된다. 그리고 17개의 자치지역은 50개의 주Provincia로 이루어진다. 산티아고 순례길 중 프랑스 길을 걷자면, 4개의 자치지역과 7개의 주를 거치게 된다. 스페인에 들어서면서 나바라 자치지역과 라 리오하 자치지역을 거쳐 카스티야 이 레온 자치지역의 부르고스 주, 팔렌시아 주, 레온 주를 지난다. 그리고 마지막으로 갈리시아 자치지역의 루고 주를 거쳐 라 코루냐 주의 주도이며 순례길의 종착지인 산티아고 데 콤포스텔라에 이른다.

    이번 일정에 속해 있는 도시 비아나를 통과하면, 곧 나바라 자치지역이 끝나고 라 리오하 자치지역으로 들어간다. 라 리오하의 첫 도시 로그로뇨는 라 리오하 자치지역의 수도이다.

산솔 산 소일로 성당(위) 성당 주제단(아래)

토레스 델 리오 산토 세풀크로 성당 전경과 천장(위) 십자가의 예수상(아래)

산솔 Sansol

18세기 바로크 양식의 산 소일로 성당Parroquia de San Zoilo이 마을 끝 언덕에 있다. 원래 16세기에 건축된 성당이었으나 현재의 모습으로 다시 지어졌다.

토레스 델 리오 Torres del Río

12세기에 지어진 로마네스크 양식의 산토 세풀크로(성 무덤) 성당 Iglesia del Santo Sepulcro이 있다. 예루살렘에 있는 산토 세풀크로 성당과 비슷한 외형을 갖고 있다. 세풀크로 Sepulcro는 무덤을 의미하며 산토 세풀크로는 거룩한 무덤 즉 예수님의 무덤을 의미한다. 팔각형의 성당 건물 형태와 아랍 문화의 영향을 받은 별 모양이 있는 둥근 천장이 인상적이다. 건물 모양을 본뜬 팔각형 탑이 왕관처럼 올라가 있는데 밤길을 가는 순례자들을 안내해주는 등대 역할을 했다. 옆쪽으로 원형 종탑이 붙어있다. 성당 내부에는 13세기 후반 로마네스크 양식의 십자가의 예수 조각상이 있다.

포요의 성모 경당

포요의 성모 경당
Ermita de Nuestra Señora del Poyo

토레스 델 리오와 비아나 사이에 있는 높은 언덕 N-111 도로변에 있는 16세기 성당이다. 19세기에 바로크 양식으로 보수하였으며 내부에 18세기 후반의 로코코 제단화가 있다. 내려오는 이야기에 의하면 원래 있던 성모상은 화재로 손상되었고 그 이후에는 도난당했다고 한다. 현재의 것은 15세기 성모상의 모습을 따라 새로 만든 것이다.

비아나 Viana

현재 인구 3천5백 명의 도시로, 이름 중에 있는 'Via'는 '길' 또는 '통로'라는 의미이다. 1219년 나바라의

비아나 산타 마리아 성당(위)
성당 앞 체사레 보르자 비석(아래)

왕 산초 7세가 카스티야 왕국으로부터 자신의 왕국을 방어하기 위해 세운 도시이다. 언덕 위에 세워졌으며 튼튼한 성벽으로 둘러싸여 있다. 16-18세기에 전성기를 누렸는데 지리적으로 유리한 위치 덕분에 상업적으로 부를 축적하기에 좋았다.

13세기 후반에서 14세기 초에 지어진 고딕 양식의 산타 마리아 성당 Iglesia de Santa María이 있는데 16세기

에 지어진 탑과 남쪽 전면이 유명하다. 성당 바깥 문 앞에 마키아벨리가 쓴 『군주론』의 모델로 잘 알려진 당대의 정치가 체사레 보르자의 무덤이 있다.

15세기에는 비아나에 네 개의 순례자 숙소가 있었다고 전해진다.

순례길 표시

산타 마리아 데 팔라시오 성당

로그로뇨 Logroño

라 리오하 자치지역의 수도로 옛 거리와 현대적 시가지가 공존하는 인구 13만 명의 중형 도시이다. 오늘날은 중심도시이지만 11세기 말까지는 작은 마을에 불과했다.

순례자들이 로그로뇨에 들어가기 위해서는 물살이 빠른 에브로Ebro 강을 건너야 했는데 카스티야의 알폰소 6세가 피에드라 다리Puente de Piedra를 건설했다. 순례길의 성인들인 산토 도밍고 데 라 칼사다Santo Domingo de la Calzada와 그의 제자인 산 후안 데 오르테가San Juan de Ortega가 다리를 수리했다고 전해진다.

산타 마리아 데 팔라시오 성당
Iglesia de Santa María de Palacio

로그로뇨 구시가 중심에 자리하며 11세기에 지어져 12세기와 16세기에 재건축, 확장되었다. '궁전'을 뜻하는 팔라시오라는 이름은 본래 이 성당이 알폰소 7세 왕의 궁전의 일부였기 때문에 붙여진 것이다. 피라미드 모양의 고딕 양식 탑이 특징적이다. 내부는 주랑을 중심으로 양 옆에 측랑이 있는 형태로 12세기 로마네스크 양식의 에브로의 성모상 Virgen del Ebro이 있다. 이 성모상은 19세기 후반 에브로 강물에서 발견된 것으로 고딕 양식의 나무 조각상이다. 20세기에 현재 모습으로 복원되었다.

7 로스 아르코스에서 로그로뇨까지

로그로뇨
Logroño

레베인 문
Puerta del Revellin

산타 마리아 데 라 레돈다 성당
Concatedral de Santa María de la Redonda

산티아고의 샘
Fuente de Santiago

산티아고 엘 레알 성당
Parroquia de Santiago el Real

산타 마리아 데 팔라시오 성당
Iglesia de Santa María de Palacio

산 바르톨로메(성 바르톨로메오) 성당
Iglesia de San Bartolomé

산타 마리아 데 팔라시오 성당 내부(위)
에브로의 성모상(아래)

산티아고 엘 레알 성당
Parroquia de Santiago el Real

16세기에 세워진 성당으로 클라비호 전투의 승리를 기념하기 위해 설립한 9세기 성당 터에 건립되었다. 이 성당 출입문 바로 위에 조가비가 달린 순례자 복장의 산티아고

산티아고 엘 레알 성당

산티아고 엘 레알 성당 전면과 주제단(위)
성당 내부 희망의 성모상(아래)

산티아고의 샘

산 바르톨로메 성당

상이 있고 그 위로 말에 앉아 무어인들과의 전투를 지휘하는 모습의 산티아고 상이 있다.

성당 내부에 로그로뇨의 수호성인인 희망의 성모 Virgen de la Esperanza 상이 있다. 14세기 고딕 조각상으로 무릎 위에 아기 예수님을 앉히고 왕관을 쓴 모습이다. 성모님은 미소를 띠고 있고 아기 예수는 검지로 하늘을 가리키고 있다.

성당 밖에는 '순례자의 샘', '순례길의 샘'으로도 불리는 산티아고의 샘 Fuente de Santiago이 있다. 돌로 만들어진 구조물로 1675년에 재건축된 것이다. 대대적인 복원을 거쳐 1986년 12월에 다시 공개되었다.

산 바르톨로메(성 바르톨로메오) 성당 Iglesia de San Bartolomé

로그로뇨에서 가장 오래된 성당으로 12세기에 건축되기 시작해 16세기에 완성되었다. 성당의 탑은 도시 성벽의 일부였으며 섬세한 조각으로 장식되어 있는 고딕식 출입구의 상단부 팀파눔에는 성 바르톨로메오의 생애가 묘사되어 있다.

산타 마리아 데 라 레돈다 성당 Concatedral de Santa María de la Redonda

산 바르톨로메 성당

산타 마리아 데 라 레돈다 성당

12세기 경당이 있었던 자리에 세워졌다. 15세기에 건축되기 시작했으며 18세기까지 개축되고 확장되었다. '쌍둥이'로 불리는 탑이 특징적이고 라 리오하 지역의 대표적 바로크 건축물로 알려져 있다. 성당 전면은 화려한 조각으로 장식되어 있고 내부는 주랑을 중심으로 양 측랑이 큰 둥근 기둥으로 구분되어 있다.

레베인 문 Puerta del Revellin

순례길을 걷는 이들은 1521년 카를로 5세의 군대가 프랑스 군을 몰아낸 기념비적인 장소 레베인 문 Puerta del Revellin으로 도시를 나가게 된다.

산타 마리아 데 라 레돈다 성당 옆 중심거리(위)
레베인 문(아래)

순례길에서 산티아고의 모습은 두 가지로 나타난다. 하나는 조가비가 달린 순례자 옷을 입고 순례하는 모습으로 보통 물통이 달린 지팡이를 짚고 있다. 다른 하나는 말 위에 높이 올라앉아 칼을 들고 이슬람 군과의 전투를 지휘하는 장군의 모습이다.

시기도 장소노 명확히지 않은 클라비호 전투의 전설을 보면, 산티아고와 산 에밀리아노 두 성인이 말을 타고 나타나 이슬람 군대를 무찌름으로써 전투에서 승리했다고 전하고 있다. 이 결과로 이 성인들은 '스페인의 수호성인'이라는 호칭을 얻었다. 이런 전설에서 이슬람 군대를 무찌르는 산티아고의 모습이 정착되었다. 이 전설에 나오는 클라비호 전투의 현장이었는지는 확실치 않지만, 라 리오하 주 로그로뇨 남쪽으로 약 20킬로미터 떨어진 곳에 클라비호란 이름의 성채 유적이 남아 있다.

순례자 산티아고 상

말을 타고 전투를
지휘하는 산티아고 상

로그로뇨 Logroño에서 나헤라 Nájera까지

벤토사 산 사투르니노 성당과 마을

로그로뇨 Logroño — 나바레테 13km Navarrete — 옛 수도원 현관(묘지 입구) 1.5km — 벤토사 5.5km Ventosa — 나헤라 9.5km Nájera

총 29.5km

    유럽 사람들에게 있어 와인은 매우 중요하다. 산티아고 순례길은 전반적으로 와인 생산지가 연결된 띠와도 같다. 그 중에서도 라 리오하 지역은 세계적으로 명성 높은 포도주 생산 지역이다. 19세기 말 프랑스에 '필록세라'라고 하는 일종의 진딧물이 프랑스 보르도의 포도밭을 습격했다. 대부분의 포도밭이 망가졌고, 이 때문에 보르도의 포도주 제조업자와 상인들은 스페인 라 리오하로 이주, 정착하여 이 지역 포도주 산업을 크게 발전시켰다. 최고의 포도주 산지를 걸으며 맛있는 포도주로 힘을 내보자. 순례길에서 얻는 또 하나의 선물이 아닐까.

나바레테 Navarrete

 나바라 왕국과 카스티야 왕국의 접경 지역이던 이곳에서 두 왕국은 충돌했고, 그 결과 나바레테는 카스티야 왕국의 영토가 되었다. 카스티야 왕국의 왕 알폰소 8세는 이 도시를 방어 요새로 사용하기 위해 성벽을 쌓고 주민들을 정착시킨 후 12세기 말 자치권을 주었다. 자치권을 부여받은 이 도시는 정치, 경제적으로 발전을 이루었고 곧 순례길에서 중요한 도시가 되었다.

 나바레테를 둘러싸고 있던 성채는 지금은 사라져 없다. 중세의 골목길을 따라 오르면 언덕 끝에

나바레테 성모 승천 성당 내부

큰 성당이 있는데 성모 승천 성당 Parroquia Santa María de la Asunción이다. 16세기 성당의 일부가 남아 있고 성모 승천을 묘사한 거대한 바로크 주제단화가 있다.

산 후안 데 아크레 순례자 숙소 현관(위)
현관 위에 있는 롤랑과 페라굿 조각상(아래)

도원은 1200년경, 도냐 마리아 라미레스 Doña María Ramírez가 세웠다고 전해진다. 이 순례자 숙소의 현관이었던 아치 위 십자가 받침대에는 카를로 대제의 기사 롤랑과 이슬람 장수 페라굿의 마상 싸움을 묘사한 조각이 있는데 이 모습은 순례길에 있는 다른 건축물들의 조각에 자주 등장하는 주제이다.

나바레테 성모 승천 성당(위)
나바레테 성당 인근 식당에 있는
한국어 김치 안내(아래)

옛 수도원 현관(묘지 입구)

나바레테를 떠나다 만나는 묘지 입구에 산 후안 데 아크레 수도원의 순례자 숙소 현관이 서 있다. 이 수

벤토사 Ventosa

언덕 위에 산 사투르니노 성당 Iglesia de San Saturnino이 있다. 라틴 십자가 형태의 석재 건물로 허물어진 옛 탑을 대신해 17세기에 여덟 면의 피라미드형 지붕이 있는 사각형 탑을 얹었다.

벤토사 산 사투르니노 성당

나헤라 Nájera

청동기 시대부터 사람들이 정착해 살았던 지역으로 로마 도시인 트리코Trico 땅에 아랍인들이 세우고 Náxara라고 했다. 아랍어로 '험한 바위들이 있는 곳'이라는 뜻이다. 923년 나바라 왕 산초 1세와 레온 왕 오르도뇨 2세의 연합군이 아랍 세력을 몰아내었고 산초 1세의 아들인 가르시아 산체스에게 이 지역을 다스리게 하였다.

11세기 초 산초 3세 대왕은 나헤라를 왕국의 수도로 정하고 산티아고 순례길이 이 도시를 지나게 하면서 자치권을 선포하였다. 산초 3세 대왕의 아들인 나헤라 출신 가르시아 왕은 산타 마리아 수도원을 세웠는데 이는 나헤라의 중요한 역사적 건축물이다.

왕립 산타 마리아 수도원
Monasterio de Santa María la Real

1052년에 지어졌으나 15세기에 여러 차례 개축되었다. 이 수도원의

나헤라 왕립 산타 마리아 수도원

기원에 대해서는 아래와 같은 이야기가 전해진다. 1044년 사냥을 나간 가르시아 왕은 꿩을 발견하고 자신의 사냥매를 보내 따라가게 했다. 이 두 마리의 새를 따라 들어간 동굴에서 왕은 백합 화병과 함께 성모 마리아의 모습을 보았다. 그곳에는 종과 등불도 있었다. 얼마 후 가르시아 왕은 이슬람인들에게 빼앗겼던 땅을 되찾았고 이를 성모님의 도우심으로 생각한 왕은 감사의 표시로 이 수도원을 지어 봉헌하였다.

라 리오하 지역이 카스티야 레온 왕국에 정복된 이후 1079년 카스티야의 알폰소 6세는 이 수도원을 프랑스의 클루니 수사들에게 위임했다. 현재 이 수도원은 프란치스칸 공동체가 운영하고 있다.

기사들의 회랑 Claustro de los Caballeros

16세기에 지어지기 시작했으며 고딕-플라터레스크 양식이다. 16-18세기 이 지역 귀족들의 무덤으로 사용되었다. 회랑에서 '선악과 나무의 문'으로 들어가면 '에덴의 정원'으로 불리는 중앙 정원으로 들어갈 수 있다. 회랑 한쪽에 있는 호두나무 문을 열고 들어가면 성당이 나온다.

주제단화

1690년경에 제작되었다. 제단화의 아랫부분에는 가르시아 왕이 성모 마리아를 봤을 때 함께 있었던 세 가지 물건들, 등불, 백합화병, 종이 묘사되어 있다. 제단화의 중앙에는 아기 예수를 안은 성모상이 있고 신자석에서 제단을 향해 섰을 때 왼쪽에는 성 베네딕토와 가르시아 왕이 있다. 오른쪽에는 스콜라스티카 성녀와 왕비 도냐 에스테파니아가 있다.

왕립 산타 마리아 수도원 기사들의 회랑

주제단화

왕립 판테온

동굴과 장미의 성모 Virgen de la Rosa

가르시아 왕이 성모님의 모습을 발견한 동굴 입구에는 무릎을 꿇고 기도하는 가르시아 왕과 그의 아내 도냐 에스테파니아의 조각상이 있다. 동굴 안에는 나헤라 왕궁에서 가져온 13세기 고딕 양식의 '장미의 성모상'이 있다.

왕립 판테온 Panteón Real

1556년경에 만들어진 것으로 플라터레스크의 모티브가 있는 르네상스 양식이다. 묘지는 서로 다른 두 왕조를 아우르며 이 수도원을 지은 가르시아 왕도 이곳에 묻혀 있다.

장미의 성모

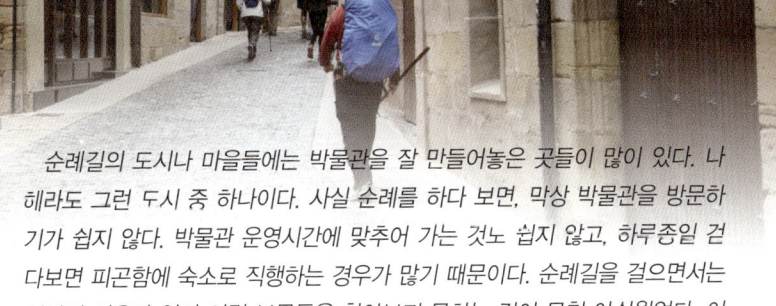

순례길의 도시나 마을들에는 박물관을 잘 만들어놓은 곳들이 많이 있다. 나헤라도 그런 도시 중 하나이다. 사실 순례를 하다 보면, 막상 박물관을 방문하기가 쉽지 않다. 박물관 운영시간에 맞추어 가는 것도 쉽지 않고, 하루종일 걷다보면 피곤함에 숙소로 직행하는 경우가 많기 때문이다. 순례길을 걸으면서는 시간적 여유가 없어 이런 보물들을 찾아보지 못하는 것이 무척 아쉬웠다. 이 자료를 준비하기 위해 다시 박물관들을 둘러보니 진귀한 유적이나 예술품이 많이 전시되어 있었다.

물론 어려운 일이지만, 순례를 계획할 때, 가능한대로 일정을 조절하여 대성당이나 박물관도 둘러보기를 추천한다. 박물관의 유물들을 통하여 우리는 시간의 벽을 넘어 산티아고를 순례했던 수많은 선배 순례자들과 교감할 수 있을 것이기 때문이다.

9 나헤라 Nájera에서 산토 도밍고 데 라 칼사다 Santo Domingo de la Calzada까지

산토 도밍고 데 라 칼사다 가는 길

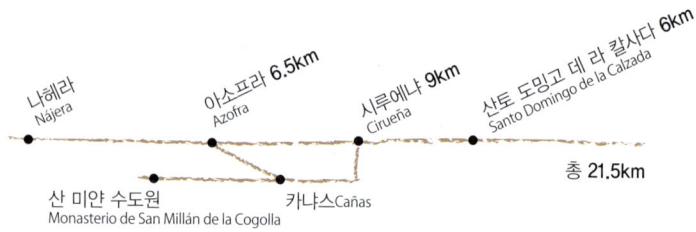

나헤라를 벗어나면 소나무 숲이 있는 붉은 흙길을 걸으며 언덕을 오른다. 그 이후로는 넓은 농지들로 가득한 평원이 펼쳐진다. 나지막한 언덕을 끝없이 걸어야 하지만, 마을도 별로 없고 지평선이 보이는 곳이어서인지 공기가 더 상쾌하게 느껴진다. 한적한 시골길을 걸으며 하루를 여유로움으로 채울 수 있는 구간이다.

아소프라 Azofra

순례길은 아소프라에서 두 갈래로 나뉜다. 하나는 카냐스Cañas를 거쳐 산 미얀 수도원Monasterio de San Millán de la Cogolla을 돌아보고 다시 카냐스로 돌아와 시루에냐Cirueña로 가는 길이고 다른 하나는 아소프

아소프라 천사의 성모 성당

아소프라 산 미얀 수도원(유소)

집들이 순례길을 따라 양편으로 늘어서 있는 전형적인 순례 마을인 아소프라에는 17세기에 건축된 천사의 성모 성당 Parroquia de Nuestra Señora de los Ángeles이 있다.

시루에냐 Cirueña

아소프라를 지나 넓은 평원을 한참 걷다 보면, 왼편으로 큰 골프장이 눈에 들어온다. 골프장과 잘 정리된 주택가, 옛 시가가 함께 있는 마을 시루에냐이다. 10세기 로마네스크 성당 자리에 최근 석재와 벽돌로 지은 산 안드레스(성 안드레아) 성당Iglesia de San Andrés en Cirueña이 있다. 산 페드로(성 베드로), 산 후안(성 요한), 산 안드레스, 성모님과 십자가상이 있는 17세기 바로크 제단화가 있다. 순례길은 곧 LR-204 도로로 이어지고 그 길을 따라 산토 도밍고 데 라 칼사다로 들어간다.

라에서 시루에냐로 바로 가는 길이다. 6세기 중엽 산 미얀은 지금 수소Suso('위'라는 의미)로 알려진 곳에 수도원을 세웠다. 이 작은 수도원은 여러 세기에 걸쳐 보수되었고 화재 이후 11세기 산초 대왕이 복원하면서 증축하였다. 유소Yuso('아래'라는 의미) 수도원은 나헤라 가르시아 왕의 명으로 16세기에 건축되었다. 이곳은 현대 스페인어의 탄생지이며 또한 6세기의 수도원이 현재까지 보존되어 있기에 1997년에 유네스코 세계문화유산으로 등재되었다.

시루에냐 산 안드레스 성당

산토 도밍고 데 라 칼사다 카테드랄

산토 도밍고 데 라 칼사다
Santo Domingo de la Calzada

산토 도밍고 데 라 칼사다 성인상

순례자들을 위한 도시인 산토 도밍고 데 라 칼사다는 산티아고 순례길에서 매우 중요한 지점 중 하나이다. 도시의 이름은 이 도시를 세운 도밍고 가르시아Domingo García의 이름에서 따온 것으로 그의 삶은 곧 이 도시의 역사이기도 하다.

도밍고는 1019년, 이곳에서 멀지 않은 이웃마을 빌로리아 데 리오하Viloria de Rioja에서 태어났다. 성인전에 의하면 그는 목동이었고 발바네라Valvanera와 산 미얀의 수도원에 들어가고자 애를 썼으나 두 번이나 거절을 당했다고 한다. 수도원 입회를 거절당한 도밍고는 1040년경 오하Oja 강둑에 있는 숲속에서 홀로 은수자로 지내기 시작하였다. 그러던 중, 강을 건너느라 고생하는 순례자들을 보고 그들을 돕기로 결심한다.

순례길에는 순례자나 여행자를 노리는 위험이 늘 있었다. 깊은 산길에서는 강도를 만나기 일쑤고, 좁고 험한 길은 그나마도 사라지곤 했으며, 물이 불어난 강물은 항상 순례자들을 괴롭혔다. 산토 도밍고는 좁은 길을 넓히고 정비하여 안전하게 만들고, 강에는 다리를 세웠다. 후에는 순례자를 위한 숙소도 마련하였으며 1106년에는 마침내 카스티야의 왕 알폰소 6세로부터 땅을 받아 성당을 지었다. 성인이 지은 건물이 남아 있지는 않으나, 12세기 말 이 자리에 카테드랄이 세워졌다.

산토 도밍고는 1109년 5월 12일 세상을 떠났다. 그의 제자들은 마을을 유지하며 성인이 했던 일들 즉 순례자들을 돕는 일을 계속해서 이어갔다.

산토 도밍고 데 라 칼사다 카테드랄 내부

카테드랄 옛 주제단화

산토 도밍고 데 라 칼사다 카테드랄 Catedral de Santo Domingo de la Calzada

구세주와 성모님께 봉헌된 성당이다. 스페인의 초기 고딕 건물 중 하나로 12-18세기에 걸쳐 개축되고 확장되었다. 라틴 십자가 구조로 중앙에 한 개의 주랑을 중심으로 양 옆에 측랑이 있는 형태이며 둥근 천장과 로마네스크 회랑 등이 있다. 중요 예술품들로는 주제단화와 로마네스크 양식의 산토 도밍고 조각상 등을 들 수 있다.

옛 주제단화

1537년 다미안 포르멘트Damian Forment가 제작하기 시작해 1540년 그가 세상을 떠날 때까지 계속됐고 그의 사후 제자들이 완성하였다. 제단화의 중앙에 구세주와 성모 승천이 표현되어 있다.

영묘

13세기 초반에 건축된 것이 최근 2009년에 복원되었다. 산토 도밍고의 일생과 기적을 열두 장면으로 표현한 15세기 대리석 부조를 볼 수 있다. 은으로 된 아치 아래 있는 산토 도밍고 상은 1789년에, 영묘 아래 지하경당은 1958년에 만들어진 것이다.

산토 도밍고 데 라 칼사다 영묘

산토 도밍고 데 라 칼사다 카테드랄 내 닭장

닭장과 전설

카테드랄 안에 있는 산토 도밍고의 묘지 앞에는 특이하게도 살아있는 닭이 있는 닭장이 있다. 이 고딕식 닭장에는 산토 도밍고 성인과 관련된 유명한 전설이 전해진다.

독일 청년 휴고넬은 부모와 함께 산티아고로 순례를 가는 길에 이 마을의 한 여관에 머물렀다. 그때 그 여관집 딸이 휴고넬에게 마음을 고백했으나 청년은 받아들이지 않았다. 이에 화가 난 여관집 딸은 청년의 옷에 은잔을 숨긴 후 도둑으로 신고했다. 휴고넬은 체포되었고 사형이 집행되었다. 당시 도둑질은 사형으로 다스려졌다. 부모는 아들의 죽음에 슬퍼했으나 순례를 계속하기로 마음을 먹고 떠났다.

산티아고 데 콤포스텔라까지 순례를 마친 부모는 아들의 무덤을 찾기 위해 길을 되짚어 왔다. 그러나 놀랍게도 부모가 돌아왔을 때까지도 아들은 여전히 나무에 매달린 채 죽지 않고 있었다. 아들은 산토 도밍고가 자신의 발을 받치고 있으며 판관에게 가서 이 사실을 알리고 자신을 풀어주게 해달라고 했다. 부모는 판관을 찾아가서 휴고넬의 말을 전했으나 판관은 어이없다는 듯 웃으며 자신이 막 먹으려고 했던 식탁 위의 구운 닭이 살아난다면 믿겠노라고 했다. 그러자 청년의 무죄를 증명하기 위해 식탁 위의 닭들이 날아오르며 큰 소리로 울었다.

1350년 클레멘트 6세 교황이 이 성당 안에 살아있는 동물을 들일 수 있게 허락하였고 15세기 중반 산토 도밍고의 기적을 기억하기 위해 이 카테드랄 안에 살아있는 닭을 키울 수 있는 닭장이 만들어졌다. 닭장 위에는 교수대로 사용되었던 나무 조각이 걸려 있고 아래에는 이 전설의 내용이 담긴 그림이 있다.

종탑

밖으로 나오면 홀로 서있는 탑을 볼 수 있다. 카테드랄의 네 번째 탑

산토 도밍고 데 라 칼사다 카테드랄 종탑

으로 그 이전에 세워졌던 세 개의 탑들은 성당 건물과 붙어 있었으나, 세 번째 탑이 지반의 불안정으로 철거되면서, 네 번째 탑인 현재의 탑은 성당과 분리되어 건축되었다. 69미터 높이의 이 종탑은 세 부분으로 구분할 수 있는데 아래 두 부분은 사각형이고 종이 있는 마지막 부분은 라 리오하 지역의 다른 종탑들과 같은 팔각형이다. 이곳에서 사제가 풍년을 기원하는 등의 종교적 의식을 하기도 하였다.

1780년에 설치된 시계는 현재도 처음 만들어졌을 때와 같은 방식으로 작동되고 있다고 한다.

산토 도밍고는 바라던 대로 그가 만든 순례길 한가운데에 묻혔다. 후에 카테드랄은 성인의 무덤을 성당 안으로 들여놓기 위해 확장되었고, 이런 연유로 도시를 관통하는 직선의 순례길은 카테드랄을 돌아가는 현재의 곡선 형태로 바뀌게 되었다.

산토 도밍고가 만든 다리와 순례자 숙소는 아직도 남아 있는데 다리는 대부분이 재건축되었고 숙소 자리에는 현재 국영호텔 Parador Nacional de Turismo이 세워져 운영되고 있다. 호텔 안에서 옛 숙소의 흔적을 볼 수 있다.

산토 도밍고 데 라 칼사다
카테드랄 국영호텔 전경(위)
국영호텔 벽에 있는 산토 도밍고 상(아래)

우리는 순례길에서 봉사하고 성인이 된 사람들을 여럿 만날 수 있다. 산토 도밍고 데 라 칼사다와 산 후안 데 오르테가가 대표적인 인물이다. 오늘날도 순례 중에 많은 성인들을 만난다. 길이 헷갈리는 곳에서 길을 가르쳐 주는 성인, 지친 순례자들에게 물과 음식을 나눠 주는 성인, 순례길의 이정표를 점검하며 잘못된 표시를 바로잡는 성인. 이 길에서 성인을 찾기란 그리 어려운 일이 아니다. 꼭 강에 다리를 놓는 일이 아니더라도 성인이 될 수 있는 방법을 이 길에서 배운다.

10. 산토 도밍고 데 라 칼사다 Santo Domingo de la Calzada에서 벨로라도 Belorado까지

발리엔테스의 십자가

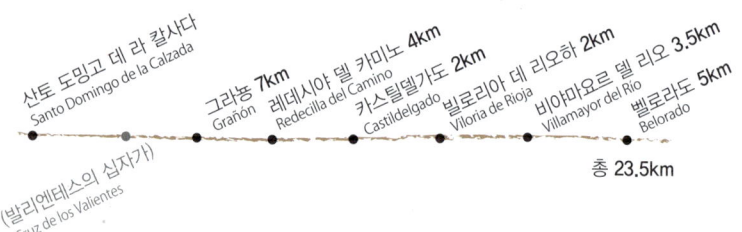

산토 도밍고 데 라 칼사다 Santo Domingo de la Calzada — (발리엔테스의 십자가) Cruz de los Valientes — 그라뇽 7km Grañón — 레데시야 델 카미노 4km Redecilla del Camino — 카스틸델가도 2km Castildelgado — 빌로리아 데 리오하 2km Viloria de Rioja — 비야마요르 델 리오 3.5km Villamayor del Rio — 벨로라도 5km Belorado

총 23.5km

재건축되어 산토 도밍고의 흔적을 찾기는 어렵지만 그가 오하Oja강 위에 지었던 다리 푸엔테 델 산토Puente del Santo를 건너서 마을을 벗어난다. 역시 큰 평원이 좌우에 펼쳐지고, 큰 도로들이 그 평원을 가르고 있다. 도로 곁으로 걷다 보면 길가에 십자가가 세워져 있다.

발리엔테스의 십자가
Cruz de los Valientes

'용감한 사람들의 십자가'라는 뜻으로 이웃한 두 마을 그라뇽과 산토 도밍고 데 라 칼사다의 중간 지점에 자리한다. 19세기 초 두 마을 간에 땅 소유권을 둘러싼 분쟁이 있었고 각 마을의 대표들이 나와 결투를 하였다. 승리는 그라뇽의 대표 마르틴 가르시아에게로 돌아갔고 그 자리에 십자가가 세워졌다.

그라뇽 Granón

9세기 카스티야의 알폰소 3세 왕이 언덕에 요새를 지으면서 마을이 형성되기 시작되었다. 국경 지역에 있었기 때문에 오랜 기간 동안 영토 분쟁의 무대가 된 한편, 산티아고 순례길에 인접한 이유로 여러 종교기관들이 이곳에 터를 잡기도 하였다. 1187년 알폰소 8세 왕이 마을에 자치권을 주면서 더욱 많은 사람들이 이곳에 정착하였다.

마을의 중심이었던 산 후안 바우티스타(성 요한 세례자) 수도원 Monasterio de San Juan Bautista이 있던 자리에 현재의 그라뇽 성당 Parroquia de San Juan Bautista이 세워졌다. 15–18세기에 걸쳐 지어진 성당의 내부에는 12세기 세례대가 있는데 초기 산 후안 수도원의 흔적이다.

그라뇽 산 후안 바우티스타 성당
주제단화와 세례대

그라뇽 산 후안 바우티스타 성당 전경

레데시야 델 카미노 입구

그라뇽을 지나면, 곧 라 리오하 자치지역을 떠나고 카스티야 이 레온Castilla y León 자치지역에 들어선다. 스페인은 여러 개의 독립적인 지방 자치지역으로 구성되어 있는데 카스티야 이 레온 자치지역은 옛 카스티야 이 레온 왕국이 있었던 자리에 위치한다. 스페인 전체에서 가장 큰 자치지역으로 1983년 지정되었고 수도는 바야돌리드이다. 이 자치지역에는 9개의 주가 속해 있는데, 순례길은 이 중에서 부르고스 주, 팔렌시아 주, 레온 주 세 곳을 통과한다. 지리학적으로 특징적인 고원지대 메세타를 볼 수 있는데, 주로 대규모 곡물 경작지로 사용된다. 그라뇽이 라 리오하 자치지역의 마지막 마을이라면, 레데시야 델 카미노는 카스티야 이 레온 자치지역의 첫 마을이다.

레데시야 델 카미노
Redecilla del Camino

행정구역 상으로는 카스티야 이 레온 자치지역이지만 주민들의 생활방식, 풍습과 문화는 오히려 라

레데시야 델 카미노 거리의 성모 성당

레데시야 델 카미노 거리의 성모 성당 내부

리오하 지역과 비슷해 이 인근 지역을 '작은 리오하'라는 뜻의 라 리오히야La Riojilla로 부르기도 한다. 마을의 집들은 순례길을 따라서 늘어서 있고 17, 8세기에 재건축된 거리의 성모 성당Iglesia de la Virgen de la Calle이 있다. 내부에는 큰 돌을 파서 만든 12세기 세례대가 있는데 그 정교한 조각이 유명하다. 반구형 컵 모양의 세례대를 하나의 기둥이 받치고 있고 여덟 개의 원기둥이 모여 있는 형태이다. 곁에는 세례 받은 사람들이 궁극적으로 도달할 장소인 천상의 예루살렘이 표현되어 있다.

카스틸델가도 Castildelgado

마을의 이름은 산 페드로(성 베드로) 성당Iglesia de San Pedro에 부르고스의 대주교였던 돈 프란시스코 델

레데시야 델 카미노 거리의 성당 세례대

카스틸델가도 산 페드로 성당

10 산토 도밍고 데 라 칼사다에서 벨로라도까지 | 97

가도Don Francisco Delgado의 유해가 모셔진 데서 유래한다. 돈 프란시스코 델가도는 1564년 열렸던 트렌토 공의회에서 중요한 역할을 했던 신학자였다. 성당 내부에는 바로크 양식의 제단화와 13세기 초 성모자상이 있다.

빌로리아 데 리오하
Viloria de Rioja

순례길에서 유명한 성인 산토 도밍고 데 라 칼사다의 고향이다. 성인이 세례를 받았다고 전해지는 성모 승천 성당Iglesia Parroquial Asunción de Nuestra Señora이 있다. 그 옆에는 성인이 살았던 집터가 남아 있다.

비야마요르 델 리오 산 힐 성당

비야마요르 델 리오
Villamayor del Río

N-120 도로 상에 있는 작은 마을로 18세기 신고전주의 양식의 산 힐 성당Iglesia de San Gill Abad이 있다. 이곳을 지나면, 곧 벨로라도Belorado에 도착한다.

벨로라도 Belorado

산티아고 순례길에 있는 대부분의 도시가 동쪽에서 서쪽 방향으로 자리잡은 데 반해, 벨로라도는 북쪽에서 남쪽으로 형성되어 있다. 북에서 남으로 흐르는 티론 강 골짜기를 따라 확장되었기 때문이다.

벨로라도는 오랜 역사를 지닌 도시로 로마시대 정착촌이 있었던 곳이다. 9세기에는 카스티야 왕국의 국경 요새였다. 12세기 아라곤 왕국의 알폰소 1세가 이 지역의 인구를 재정비하고 자치권을 주었으며 산티아고로 가는 순례자들 덕분에 성

빌로리아 데 리오하 성모 승천 성당(위)
산토 도밍고 데 라 칼사다의 집터(아래)

벨로라도
Belorado

산타 마리아 성당
Iglesia de Santa María

산 카프라시오 동굴
Cuevas de San Caprasio

산 페드로(성 베드로) 성당
Iglesia de San Pedro

칼예 마요르
Calle Mayor

벨렌의 성모 경당
Ermita de Nuestra Señora de Belén

산타 마리아 성당

벨렌의 성모 경당과 내부 벨렌의 성모상

산타 마리아 성당
Iglesia de Santa María

오래된 요새 아래 위치하며 이 요새의 경당이 있던 자리에 세워졌다. 16세기에 건축되었고 탑과 전면은 1901년에 재건축되었다. 주랑을 중심으로 양쪽에 측랑이 있으며 네 개의 경당이 있는 구조이다. 17세기 말 제작된 주제단과 아름다운 로마네스크 성모상이 있는 제단화가 있다.

산 카프라시오 동굴
Cuevas de San Caprasio

산타 마리아 성당 바로 옆 바위 언덕에서 여러 개의 동굴 입구를 발견할 수 있다. 서고트 시절 옛 은수자들이 머물렀던 곳인데, 이곳에 살았던 이들 중 주목할 만한 성인이 산 카프라시오이다. 3세기 말 로마 황제 막시미노Maximino의 박해가 있을 때, 프랑스의 주교였던 산 카프라시오는 모진 박해를 피해 이 동굴에 숨어 살았다. 그러던 중 어린 나이에도 자신의 신앙을 굽히지 않고 용감하게 순교한 소녀의 이야기를

장한 도시이다. 풍요로운 지역에 위치한 만큼 항상 주변 왕국들 간의 영토 분쟁이 끊이지 않았고, 결국 카스티야 이 레온 왕국의 영토가 되었다.

벨렌의 성모 경당
Ermita de Nuestra Señora de Belén

벨로라도 입구에 산타 마리아 데 벨렌Santa María de Belén(베들레헴의 성모님) 경당이 서 있다. 중세에 지어졌으나 18세기에 재건축되었다.

산 카프라시오 동굴

산 페드로 성당

듣게 된다. 이 어린 소녀의 모습에 감동을 받은 산 카프라시오는 자신의 은신처를 떠나 순교의 현장으로 가서 영광스런 죽음을 맞이한다. 현재 동굴은 경당으로 개조되었다.

산 페드로(성 베드로) 성당
Iglesia de San Pedro

벨로라도 시청사가 있는 광장 한편에 있다. 중세에 지어졌으며 18세기에 개축되었는데 성당 외부 전면에는 예수성심상이 서 있다.

벨로라도 다리

산티아고 순례길은 순례자들이 그 길을 오가기 시작한 이래로 많은 변화를 경험했다. 최근의 변화는 교통사고를 예방하고 순례자들의 편의를 위해 도로 옆에 새로운 도보길을 만든 것이다. 여름철이 되면 수많은 순례자가 모여들고 그러다보면 도로 주변을 걷는 것이 위험하기도 하고 또 현지 주민들에게 생각지 않은 피해를 주기도 한다. 그래서 일부 자치정부에서는 도로 옆으로 인공적인 순례길을 만들어 마치 트랙처럼 설치하였고, 그 길에 나무도 심고 표지판도 정비하였다.

스페인 현지에서는 이런 정책에 대해 다양한 의견이 있다고 한다. 찬성 쪽은 순례자와 현지 주민의 안전을 위한 정책으로 평가하고, 반대하는 쪽은 역사적으로 순례자들에 의해 생겨난 길을 너무 인공적으로 바꾸어 놓았다는 것이다. 양측이 다 일리가 있어 어느 편을 들기는 어렵다. 여하간 이런 도보용 트랙은 벨로라도를 들어가면서 실컷 경험할 수 있다.

11 벨로라도 Belorado에서 산 후안 데 오르테가 San Juan de Ortega까지

산 후안 데 오르테가 성당

벨로라도 Belorado — 토산토스 Tosantos 5km — 비얌비스티아 Villambistia 2km — 에스피노사 델 카미노 Espinosa del Camino 1.5km — 비야프랑카 몬테스 데 오카 Villafranca Montes de Oca 3.5km — 산 후안 데 오르테가 San Juan de Ortega 12.5km

총 24.5km

    비록 순례이긴 하지만, 그래도 너무 바쁘게 여행하는 것이 싫어서 일정을 좀 여유 있게 계획했다. 숙소에서 일어나 아침도 잘 챙겨먹고 저녁식사 전에 다음 숙소에 도착만하면 되겠지 하는 마음이었다. 그런데 약간의 문제가 생겼다. 그것은 스페인 사람들의 문화인 '시에스타' 때문이었다. 시에스타 la siesta는 점심을 먹은 뒤 잠깐 자는 낮잠을 말한다. 원래는 라틴어 hora sexta 여섯 번째 시간에서 유래했다. 동이 튼 후, 정오까지 6시간이 지났으니 잠시 쉰다는 것이다. 주로 날씨가 더운 국가에 이런 관습이 있다. 실제로 스페인에서는 모든 상점과 관공서도 오후 2시경부터 5시경까지 모두 문을 닫고 식사도 하고 쉬는 시간을 갖는다. 아무래도 도시는 좀 다르지만, 작은 마을에서는 이 시간 동안은 사람 구경조차 어렵다.

 낮 기온이 어느새 걷기에는 무척이나 더워져서 한시라도 빨리 숙소에 들어가고 싶었지만, 많은 숙소들이 역시 오후 4시는 지나야 손님을 받았다. 슈페르메르카도(슈퍼마켓)도 이 시간에는 모두 문을 닫는다. 할 수 없이 작전을 변경해 해가 뜰 무렵에 순례를 시작하기로 했다. 가능한 한 날이 뜨거워지기 전에 많이 걷고 예상대로 오후 2시경에 숙소에 들어가 점심식사, 빨래를 해서 널고, 잠시 나도 시에스타를 하면 저녁 시간이 된다. 산티아고 순례길이 대부분 작은 마을들을 거쳐가는 길이니 이 새벽 별 보기 일정을 한동안 이어갈 수밖에 없었다.

토산토스 Tosantos

 벨로라도를 벗어나 5킬로미터 정도 가면 토산토스가 나온다. 도로변에 있는 마을로 산 에스테반(성 스테파노) 성당Iglesia Parroquial de San Esteban이 있다. 오른쪽으로 멀리 떨어진 바위 언덕 동굴에는 페냐의 성모(바위의 성모) 경당Ermita de la Virgen de la Peña이 있다.

토산토스 산 에스테반 성당

페냐의 성모 경당

비얌비스티아 산 에스테반 성당

비얌비스티아 Villambistia

토산토스에서 조금 더 가면 작은 마을 비얌비스티아가 나온다. 여러 개의 르네상스 제단화가 있는 산 에스테반 성당Iglesia Parroquial de San Esteban이 있다.

에스피노사 델 카미노 Espinosa del Camino

비얌비스티아를 지나서 주도로를 만나는 곳에 있는 마을로 성모 승천 성당Iglesia Parroquial de la Asunción de Nuestra Señora이 있다. 단순한 라틴 십자가 형태의 성당으로 16세기 건축물이다.

비야프랑카 몬테스 데 오카 Villafranca Montes de Oca

에브로 강이 흐르는 언덕에 세워진 도시로 '오카'란 지명은 초기 정착촌인 '아우카'Auca에서 유래한다. 산티아고의 제자들이 스페인에 신앙을 전파할 당시에 관한 전설에 따르면, 이곳은 서고트 시대에 한 교구였다. 이슬람의 침공으로 폐허가 된 마을은 이슬람을 몰아낸 후에도 재건되지 않았다. 1075년 알폰소 6세는 오래되고 협소해진 오카의 교구청을 부르고스로 옮기기로 결정했다. 그리고 그에 대한 보상으로 이 도시를 재건하고 자치권을 주면서 새 이름 비야프랑카Villafranca도 주었다. 주로 프랑스인들이 순례를 왔다가 자치권을 받고 정착을 한 데서 기인한 이름일 것이다.

18세기 석재 건축물로 하나의 주랑과 종탑이 있는 산티아고 성당Iglesia Románica de Santiago el Mayor이 있다. 오래된 순례자 숙소인 산 안톤 아바드San Antón Abad는 험한 산을 넘기 위해 이곳을 지나가는 순례자들과 여행자들을 돌보아 주었는데 14세기에 엔리케 2세Enrique II 왕의 아내인 도냐 후아나 마누엘Doña Juana Manuel의 명으로 세워졌다. 현

에스피노사 델 카미노 성모 승천 성당

재는 그 자리에 호텔이 들어서 있고 순례자를 위한 알베르게도 함께 운영하고 있어 순례자 숙소의 전통을 이어가고 있다.

비야프랑카 몬테스 데 오카 산티아고 성당

　비야프랑카 몬테스 데 오카의 산티아고 성당 앞에서 잠시 휴식을 취한 뒤, 산길로 접어들었다. 한동안 등산로를 따라오르니 정상부에 대단한 소나무 인공 조림지가 펼쳐진다. 가운데로 큰 길, 아마도 트랙터 같은 농기계들이 다니는 흙길이 있고, 그 양 옆으로 소나무가 빽빽하게 서있었다. 옛날 이곳은 아주 깊은 산속이었을 것이다. 깊은 산을 넘는 일은 항상 위험이 뒤따르는 일이다. 산속에는 사나운 짐승들도 있고, 순례자나 여행자를 노리는 강도들도 있었다. 또 길을 잃거나 추위와 굶주림 그리고 부상을 만날 위험이 항상 도사리고 있었다. 그러나 순례자들은 이런 위험을 잘 알면서도 순례길을 걸어갔을 것이다.

　다행스럽게도 그 옛날에도 이런 순례자들을 돕는 사람들이 있었다. 바로 그 중 한 사람이 산 후안 데 오르테가이다. 성인이 험한 길을 걷는 순례자들을 보호하고 도와주며 머물었던 마을 산 후안 데 오르테가가 저 멀리 보인다.

산 후안 데 오르테가 성당

산 후안 데 오르테가
San Juan de Ortega

산 후안 데 오르테가 San Juan de Ortega는 순례길을 위해 평생 헌신한 성인으로 후에 그가 활동했던 마을

산 후안 데 오르테가

의 이름이 되었다. 오르테가란 말은 어원적으로는 '쐐기풀'을 의미하는데 험한 현실을 상징적으로 표현하는 단어이기도 하다. 이 지역이 이런 이름으로 불린 것은 이곳이 험하고 거친 골짜기가 있는 산지에 속했기 때문이다.

산 후안 데 오르테가의 원래 이름은 후안 데 퀸타나오르투노로, 1080년 퀸타나오르투노에서 태어나 젊어서 사제가 되었다. 앞서 순례자들을 위해 봉사하던 산토 도밍고 데 라 칼사다를 따라 순례길을 정비하고 다리를 세웠으며 성당과 순례자 숙소를 지어 순례자들을 도왔다.

1109년 스승이 세상을 떠나고 전쟁 중에 많은 것들이 파괴되자, 산 후안 데 오르테가는 거룩한 땅 이스라엘로 성지순례를 떠나는데, 성지

순례에서 돌아오는 길에 큰 폭풍을 만나 목숨이 위태롭게 되었다. 산 후안 데 오르테가는 바리의 성 니콜라오에게 구원을 청했고 기적적으로 목숨을 건지자 성 니콜라오에게 경당을 지어 봉헌하겠다고 맹세한다.

성인은 성지순례에서 돌아와서 몬테스 데 오카Montes de Oca를 중심으로 활동했다. 그리고 약속한 대로 순례자 숙소와 바리의 산 니콜라스 경당을 지어 봉헌했다. 왕실의 지원을 받아 어려운 상황에 처한 주변 지역을 정비하는 일도 계속하였다. 1163년 성인은 세상을 떠났지만 그를 따르는 제자들이 뜻을 계속 이어나갔다. 1477년 이사벨 여왕이 이곳을 방문하여 후사를 얻게 해달라고 기도했는데, 그 일이 이루어지자, 여왕은 이곳에서 열리는 중요한 사업들을 적극 지원하였고 성당도 지금의 모습으로 증축되었다.

현대에 들어서서 카스티야 이 레온 자치정부 주관으로 여러 차례 성당 복원 작업이 진행되었다. 이 과정에서 성인의 유해는 2005년 홍수 피해를 입은 지하 동굴에서 성당 1층으로 옮겨졌다.

산 후안 데 오르테가 성당
Iglesia de San Juan de Ortega

영묘

성당 내부에 들어서면 화려한 고딕식 영묘가 중앙에 있는데 1464년

산 후안 데 오르테가 영묘

에 지어졌다. 영묘에는 성인의 삶과 예루살렘에 성지순례를 갔을 때 있었던 기적들이 조각되어 있다. 그 위에 산 후안 데 오르테가 성인상이 누워있고 여섯 개의 아치가 둘러싸고 있다. 그 아치 기둥에는 여섯 명의 성인상이 세워져 있고 상단부에는 카스티야와 레온 지역 귀족 가문들의 문장을 들고 있는 여섯 천사상이 있다.

예로니모 제단화

영묘를 지나면 로마네스크식 제단이 중앙에 있고 제단을 향했을 때

성 예로니모 제단화

롤랑과 페라굿의 전투를 묘사한 기둥머리

오른편에 성 예로니모의 삶을 묘사한 제단화가 있다.

산토 도밍고 데 라 칼사다 성인상

산 후안 데 오르테가 성인의 스승이었던 산토 도밍고 데 라 칼사다의 조각상도 볼 수 있다.

롤랑과 페라굿 기둥머리

앱스에 있는 한 기둥머리 부분을 올려다보면 다른 곳에서도 종종 나왔던 롤랑과 페라굿 간의 전투를 묘사한 장면이 눈에 띈다.

예수의 탄생 기둥머리

예수의 탄생을 주제로 한 기둥머리 조각들도 있는데, 즉 성모 마리아가 천사로부터 예수의 잉태 소식을 듣는 장면, 마리아가 사촌 성 엘리사벳을 방문하는 장면, 요셉의 꿈과 구세주 탄생을 담은 장면이 나란히 나타난다. 구세주의 탄생 장면에는 동정녀가 침상에 누워있고, 두 명의 산파가 있다. 목동들의 경배는 단순하게 한 명의 목동으로 표현됐는데 뾰족한 모자와 양털 외투, 손에 들린 갈고리 지팡이 등이 보인다. 특히 성모 마리아가 천사로부터 예수의 잉태 소식을 듣는 장면이 조각된 기둥머리는 춘분과 추분 저녁

산토 도밍고 데 라 칼사다

지는 태양으로부터 오는 한 줄기 빛이 환하게 비추는 장관이 연출되는 것으로 유명하다.

바리의 산 니콜라스(성 니콜라오) 경당

성당을 나서면서 오른편으로 산 후안 데 오르테가가 지은 바리의 산 니콜라스 경당이 있다. 성당에서 가장 먼저 지어진 부분이다.

성탄을 주제로 한 기둥머리

바리의 산 니콜라스 경당

성인은 로그로뇨에서 이곳에 이르기까지 넓은 지역에서 활동했다. 그러나 그는 이곳 작은 시골마을에 묻히기를 원했고 마을은 후에 그의 이름과 같은 이름을 갖게 되었다.

이곳 순례자 숙소에서는 전통적으로 순례자들에게 카스티야 지방 특유의 마늘수프와 빵을 제공했다고 한다. 18세기 모두가 어려웠던 시절에도 이 전통은 계속되었는데 이는 산 후안 데 오르테가의 뜻을 이어나가기 위함이었을 것이다.

산 후안 데 오르테가의 무덤

12. 산 후안 데 오르테가 San Juan de Ortega 에서 부르고스 Burgos 까지

부르고스 가는 길에 있는 알베르게 광고 버스

최근 순례자가 늘어나면서 산 후안 데 오르테가를 찾는 이들이 모두 이 마을에 머물기는 어렵다. 그래서 순례자들은 약 한 시간 정도 더 걸어 아헤스Agés까지 가서 하룻밤을 묵기도 한다.

아헤스 Agés

산 후안 데 오르테가에서 아헤스로 가는 길은 나무 그늘이 있는 숲속 산책길이다. 길 끝에 작은 마을이 있는데, 우리나라 시골집과 비슷한 집들, 몇 개의 숙소, 작은 상점 하나 그리고 메리다의 산타 에울랄리아 성당Iglesia de Santa Eulalia de Mérida이 있다. 15-16세기 고딕 성당으로 10세기 중반에 이미 있었던 로마네스크 성당 자리에 지어졌다. 이 성당의 묘지에 1054년 아타푸에르

아타푸에르카 성당

Dolina 고고학 유적지에서 최초의 유럽인으로 추정되는 호모 안테세소르Homo Antecessor의 유해가 발굴되었다. 평원의 마을 아타푸에르카의 북쪽 언덕에 고딕과 르네상스 양식이 혼합된 15세기 성당이 있다.

푼토 데 비스타 Punto de Vista

아타푸에르카 평원 끝은 높이 1070미터의 고지대로 이어지는데 그 정상 부근에 십자가가 서있다. 그 아래로 넓은 평원이 펼쳐져 있고 멀리 부르고스 시가가 보인다.

아헤스 메리다의 산타 에울랄리아 성당

카Atapuerca의 평원에서 벌어진 치열한 전투 중에 사망한 나헤라의 돈 가르시아Don Garcia 왕이 묻혔었는데 후에 그의 무덤은 그가 세운 나헤라의 산타 마리아 성당 왕립 판테온으로 옮겨졌다.

아타푸에르카 Atapuerca

아헤스를 벗어나 지방도로를 따라가면 양 옆에 평원이 펼쳐진다. 이곳이 아타푸에르카 평원인데 1992년에 이 근방 그란 돌리나Gran

푼토 데 비스타 십자가

부르고스
Burgos

산타 마리아 성문
Arco de Santa María

부르고스 산타 마리아 카테드랄
Catedral de Santa María de Burgos

카예 페르난 곤살레스
Calle Fernán González

산 후안 에반헬리스타
(성 요한 복음사가) 수도원 유적
Monasterio de San Juan Evangelista

산 레스메스 성당
Iglesia de San Lesmes Abad

부르고스 시내

부르고스 Burgos

투사 엘 시드 El Cid Campeador(엘 시드의 본래 이름은 로드리고 디아스 데 비바르 Rodrigo Diaz de Vivar)의 고향으로 잘 알려진 부르고스는 오랜 역사를 자랑한다. 로마시대에 로마인들이 들어오기 전, 이곳에는 이미 켈트이베리아 사람들이 자리잡고 있었디. 이후 5세기에는 서고트의 지배를, 8세기경에는 아랍의 지배를 받았다. 9세기 중반, 레온의 왕 알폰소 3세는 이곳을 탈환하고 방어를 위해 많은 성들과 성벽을 쌓았다. 이 때문에 이 지역은 카스티야 Castilla로 불리기 시작했고 이는 '성들 Castillos의 땅'이란 뜻이다.

884년 이 지역의 귀족인 디에고 로드리게스 포르셀로스 Diego Rodríguez Porcelos는 부르고스를 그리스도교 지역의 교두보로 삼고 주변지역의 거주민들을 모아들였다. '카스티야의 머리(수도)'로 불렸던 부르고스는 레온 왕국에 속한 주 중 하나로서 귀족들의 통치로 서서히 발전을 이루어나갔다. 후에 이 귀족들 중 하나인 페르난 곤살레스 Fernán González가 레온 왕국으로부터 부르고스를 독립시켰다.

11세기 부르고스는 카스티야 왕국의 수도로 가톨릭 주교가 거주하는 중요한 곳이 되었다. 산티아고 순례길에 있어서도 이곳은 중요한 거점도시로 대부분의 순례자들이 이 도시를 거쳐갔다. 부르고스는 무역의 중심지로도 큰 역할을 하며 정치, 경제, 종교적으로 영향력을 발휘하는 대도시로 성장하였다.

현재 부르고스는 카스티야 이 레온 자치지역 부르고스 주의 주도이다. 도시의 규모가 컸던 만큼 성당이나 경당, 수도원, 순례자 숙소들이 셀 수 없을 만큼 많이 남아있다. 순례자들이 모든 곳을 다 방문하기는 어려우니, 순례길과 인접한 수도원 유적과 중요한 성당 몇 곳만 소개한다.

산 후안 에반헬리스타(성 요한 복음사가) 수도원 유적
Monasterio de San Juan Evangelista

부르고스 외곽 조금은 지루한 공단 지역을 지나면 도시가 나타난다. 순례길 표지를 따라 계속 걸으면 산 후안 에반헬리스타 수도원 유적이 보인다. 비록 정면의 벽과 터만 남아있지만 이것만으로도 옛 수도원의 규모가 대단히 컸음을 짐작할 수 있다. 부르고스의 발전에 기여한 알폰소 6세가 1074년에 설립했고, 대수도원장 아데렐모 Abad Adelelmo(산 레스메스 San Lesmes로 불리기도 함)가 운영하였다.

산 레스메스 성당
Iglesia de San Lesmes Abad

산 후안 에반헬리스타 수도원 유적을 지나서 만나는 광장 오른편에 산 레스메스 성당이 있다. 산 레스메스는 아데렐모의 다른 이름이다. 원래 건물은 남아 있지 않고 현재의 성당은 14세기에 새로 지어진 것이다. 종탑과 장미창은 16세기에 만들어졌다.

부르고스의 수호성인인 산 레스메스는 프랑스의 부유한 가정에서

산 후안 에반헬리스타 수도원 유적

산 레스메스 성당

태어났다. 그는 젊었을 때 자신이 가진 것을 가난한 이들에게 모두 나누어주고 로마로 순례를 떠났다. 베네딕토 수도원에 입회하여 수도원장이 되었고 부르고스에 산 후안 수도원을 세웠다. 이곳의 수도원장으로 있으면서 그는 가난하고 병든 자들과 순례자들을 위해 사랑을 베푸는 헌신적인 삶을 살았다. 1097년 세상을 떠난 후 산 후안 수도원에 묻혔다. 나중에 그의 무덤은 이곳 산 레스메스 성당으로 옮겨졌다.

산 레스메스 성당 내부

산 레스메스의 모습이 조각된 성당 문

부르고스 산타 마리아 카테드랄

부르고스 산타 마리아 카테드랄
Catedral de Santa María de Burgos

부르고스의 대표 순례지인 산타 마리아 카테드랄은 스페인에서 매우 중요한 고딕 성당으로 1984년 유네스코 세계문화유산으로 등록되었다. 1221년에 건축되기 시작해 수세기 동안 보수와 확장을 거듭해 1795년까지 공사가 계속되었다.

성당의 크기와 형태는 가히 압도적이다. 거대한 탑들과 장식적인 외관이 성당의 웅장함을 강조하고 출입문 위의 장미창, 첨탑과 지붕을 장식한 정밀한 세공은 그것이 정말 석재인지를 의심케 한다. 이 성당의 중요한 보물들은 성당 박물관에서 더 잘 감상할 수 있다.

박물관 개관 시간
- 3월 19일 – 10월 31일(하절기)
오전 9시 30분 – 오후 7시 30분(오후 6시 30분까지 입장)
- 11월 1일 – 3월 18일(동절기)
오전 10시 – 오후 7시(오후 6시까지 입장)

주제단화

1561년 제작되기 시작해 1593년 채색되었다. 성모 마리아와 관련된 장면들이 표현되어 있고 그 사이사이에 사도들의 모습이 나타난다. 중앙에 은으로 만든 성모상이 있다.

부르고스 산타 마리아 카테드랄 주제단

산 니콜라스 경당(위)
엘시드의 무덤(아래)

황금 계단 Escalera Dorada

16세기 디에고 데 실로에 Diego de Siloé가 제작한 것으로 이탈리아 르네상스 양식의 영향을 받았다.

산 니콜라스 경당 Capilla de San Nicolás

1230년에 완성된 것으로 대성당 내에 있는 경당 중 가장 오래됐다. 이 경당을 짓도록 명령한 페드로 디아스 데 비야호스 Pedro Díaz de Villahoz 의 무덤이 있다.

엘시드 무덤 Tumba del Cid y Doña Jimena

중세 스페인의 군 지도자이며 민족의 영웅인 엘 시드와 그의 아내의 무덤이 성당 중앙에 있다.

산타 마리아 카테드랄 문(위)
거룩한 그리스도 경당(중간)
황금계단(아래)

거룩한 그리스도
Santisimo Cristo de Burgos

나무로 만든 14세기 십자가상으로, 전설에 의하면 바다에 떠다니던 것을 상인들이 발견했다고 한다. 성 마리아의 문으로 성당을 들어가면 오른쪽에 있는 경당에 있다. 네오고딕 양식의 제단이 있다.

산타 마리아 성문
Arco de Santa María

대성당의 주변은 중세기와 그 이후 시기의 건축물들로 가득 차 있다. 그 중에 부르고스와 연관된 여섯 명의 인물상이 있는 산타 마리아 성문이 있다. 이 성문은 1536년에 건축된 것으로 후안 바예호 Juan Vallejo와 프란치스코 데 콜로니아 Francisco de Colonia가 만들었다.

성문에 있는 6개의 조각상은 다음과 같다. 상단 왼편부터 10세기에 카스티야 주민들의 여러 공동체를 통합하는 데 기여한 페르난 곤살레스, 16세기 당시의 통치자였던 카를로스 5세, 엘 시드가 있다. 하단 가운데 있는 인물은 이 도시를 세운 디에고 로드리게스 포르셀로스이다.

산타 마리아 성문

그 왼편에는 누뇨 라수라 Nuño Rasura 오른편에는 라인 칼보 Laín Calvo가 있는데, 판사로 선출되어 레온 왕국에 맞서서 카스티야의 독립에 공헌한 사람들이다.

부르고스를 방문한 날이 마침 일요일이었다. 대성당보다는 동네 성당을 방문하고 싶어서 숙소 주변의 성당을 찾아 주일미사를 드렸다. 부르고스가 큰 도시여서인지 동네 성당도 그 규모가 상당히 컸다. 주일 낮 미사였는데, 수백 명의 신자들이 모였고 앞쪽에는 주일학교 학생들도 수십 명 앉아 있었다. 들은 이야기로는 스페인 전체가 신앙심이 예전 같지 않지만, 부르고스 같은 도시는 아직도 깊은 신앙심이 남아 있는 곳이라고 한다.

신앙이 성당의 크기와 비례하는 것은 아니다. 그러나, 하느님의 집을 크고 좋게 만들어 봉헌하고자 했던. 그래서 이런 어마어마한 카테드랄을 만들었던 옛 신앙인들의 마음과 바람을 느낄 수 있는 도시가 바로 이곳 부르고스이다.

13. 부르고스Burgos에서 오르니요스 델 카미노Hornillos del Camino까지

오르니요스 델 카미노 거리 풍경. 순례길을 중심으로 양쪽으로 마을이 형성되었다.

부르고스Burgos — 타르다호스Tardajos 10km — 라베 데 라스 칼사다스Rabé de las Calzadas 2km — 오르니요스 델 카미노Hornillos del Camino 8.5km

총 20.5km

부르고스를 벗어나 말라토스Malatos 다리로 아를란손Arlanzón 강을 건너면, 순례자들을 도와주었던 라스 우엘가스의 수도원과 왕립 병원 인근을 지나게 된다. 순례길에서 조금 벗어나 있으나 시간적인 여유가 있다면 둘러볼 만한 곳이다.

우엘가스 수도원
Monasterio de las Huelgas

우엘가스 수도원은 12세기에 알폰소 8세와 그의 왕비 레오노르가 왕실 무덤과 귀족 여성들을 위한 장소로 건립했다. 알폰소 8세도 이곳에 묻혔다. 카스티얀 군주들과 강력하게 연결되어 있었던 이곳에서는

우엘가스 수도원

여러 왕들의 대관식도 치러졌다. 산티아고 경당에는 오른손에 검을 쥐고 앉아 있는 산티아고 조각상이 있는데 그의 오른손은 움직일 수 있게 관절로 연결되어 있어, 왕의 대관식이나 기사 작위식 때 이 칼 아래에서 작위를 받을 수 있었다.

왕립 오스피탈 Hospital del Rey

우엘가스 수도원에 소속된 순례자들을 위한 보호소로 알폰소 8세가 세웠다. 이 건물의 입구였던 플라터레스크 양식의 로마인의 문이 남아 있다. 현재는 부르고스 대학의 법과 대학 입구로 사용된다.

비얄비야Villalbilla 외곽을 통과한 후 푸엔테 델 아르소비스포Puente del Arzobispo 다리 위로 아를란손 강을 다시 한 번 건넌다. 아르소비스포는 스페인어로 대주교를 말하는데 예전에 강둑에 있었던 순례자 숙소가 부르고스 대주교 관할이었던 사실에서 다리 이름이 유래된 것으로 보인다.

왕립 오스피탈 로마인의 문 유적

타르다호스 성모 승천 성당

라베 데 라스 칼사다스 성모 경당

타르다호스 Tardajos

다리를 건너 마을에 들어간다. 중세에 여러 순례자 숙소가 있었던 것으로 기록에 남아 있다. 13-16세기에 세워진 성모 승천 성당Iglesia de Nuestra Señora de la Asunción이 있다. 성당의 전면은 18세기에 건축된 것이다.

라베 데 라스 칼사다스
Rabé de las Calzadas

13세기에 지어진 산타 마리나 성당Iglesia Parroquial de Santa Marina이 있었으나 19세기 후반 성당이 낡고 작아 제 역할을 하지 못하자 마을 시장이 주도하여 재건축하였다. 마을을 벗어나는 곳에 성모 경당Ermita de Nuestra Señora del Monasterio이 있다.

라베 데 라스 칼사다스를 지나면 이베리아 반도의 특징적 지형인 메세타를 만나게 된다. 메세타는 한마디로 고원지대를 말한다. 우리나라에서는 그런 고원을 보기가 어려운데 이곳의 메세타는 일반적으로 600미터에서 900여 미터 정도의 높이를 가진 대평원을 말한다. 어떤 산에 올랐는데, 눈앞에 끝없는 평원이 나타나는 느낌이다. 물론 그 끝에서는 다시 아래로 내려온다. 내륙에 위치한 고원이기 때문에 연교차가 큰 대륙성 기후이며, 연 강수량도 약 500밀리미터 이하로 다소 건

라베 데 라스 칼사다스 산타 마리나 성당

메세타에서 내려다 본 평야

조하다. 북쪽의 대서양 연안에서는 밀농사를 하고, 남부의 지중해 연안 지역은 올리브를 재배하며 목축을 하기도 한다.

950미터 높이의 메세타를 지나 내려오면 오르니요스 델 카미노이다.

오르니요스 델 카미노
Hornillos del Camino

중앙의 순례길을 따라 양 옆으로 집들이 늘어서 있는 전형적인 중세 순례길 마을의 모습이 아직도 그대로 남아 있다. 마을 이름에 관해서는, 카를로 대제가 오르마수엘라Hormasuela 강가에서 오르니요스Hornillos('작은 가마'라는 뜻, '가마'를 뜻하는 Horno와 '작다'는 의미의 Nillos가 더해진 합성어) 하나를 발견해 군사들을 위해 빵을 구웠다는 이야기가 내려온다.

마을 중앙에 산 로만 성당Iglesia Parroquial de San Román으로 불리기도 하는 산타 마리아 성당Iglesia de Santa María이 있다. 그 앞 광장에는 닭 조각상 탑이 있는 샘 푸엔테 델 가요 Fuente del Gallo('닭의 샘'이란 뜻)가 있다.

오르니요스 델 카미노
산타 마리아 성당과 닭의 샘

⑭ 오르니요스 델 카미노 Hornillos del Camino 에서 카스트로헤리스 Castrojeriz 까지

온타나스 마을과 성당

오르니요스 델 카미노
Hornillos del Camino

온타나스 10.5km
Hontanas

산 안톤 아치 유적 5.5km
Convento de San Antón

카스트로헤리스 4km
Castrojeriz

총 20km

온타나스 Hontanas

일반적으로 옛 마을들은 주변이 잘 보이는 높은 곳에 있으나 이곳 온타나스는 반대로 주변보다 낮은 계곡에 숨어 있다. 마을에 여러 개의 샘들이 있는 데서 이 마을 이름이 유래되었는데, 'fontana', 'hontana', 둘 다 샘을 의미한다. 14세기에 지어진 고딕 양식의 원

온타나스 가는 길

죄없이 잉태되신 성모 성당Iglesia Parroquial de la Inmaculada Concepción이 있다.

산 안톤 수도원 유적
Convento de San Antón

카스트로헤리스에 들어가기 전에 산 안톤 수도원 유적을 지나간다. 이곳은 원래 카스티야 왕국의 왕 페드로 1세의 궁전과 정원이었는데, 나중에 안톤 수도원이 되었다. 현재 남아 있는 것들은 14세기에 건축된 것으로 이 수도원은 18세기 말에 폐쇄되었다.

산티아고 순례길은 성당의 입구를 보호하기 위해 높게 만들어진 두 개의 아치를 통과한다. 이 문들은 장식적인 창틀과 조각들로 꾸며져 있다. 이 아치에서 특이한 것은 두 개의 수납장인데 식사시간을 맞추지 못한 순례자들을 위해서 음식을 보관했던 장으로 알려져 있다. 수도원 성당에 있었던 바로크식 제단은 산 후안 바우티스타(성 요한 세례자) 성당에 보존되어 있다.

산 안톤 수도원 아치 안 쪽에 있는 비밀 찬장

산 안톤 수도원 아치 유적

산 안톤 수도원의 의료 활동은 유명했는데, 특별히 중세 때 유럽에서 유행했던 에립시펠라스(Erysipelas: 단독(丹毒), St. Anthony's fire)의 치료로 명성을 얻었다. 수도회는 상징으로 타우 십자가를 사용했다. 2002년 이후부터 운영되고 있는 순례자 숙소가 있다.

카스트로헤리스 순례길 화살표

카스트로헤리스 Castrojeriz

산 안톤 아치를 통과하면 약 2킬로미터 정도의 일직선 도로가 마을까지 뻗어있고 그 끝에 요새와 마을이 자리잡고 있다. 카스트로헤리스는 그 이름에서 알 수 있듯이 전쟁이 빈번했던 역사적인 요새 도시이다. 로마시대와 서고트 시기의 성채 유적이 있으며, 그리스도인들과 무어인 간의 전투가 있었던 곳이기도 하다. 부르고스 주에 속해 있는 카스트로헤리스는 팔렌시아 주와의

카스트로헤리스 마을 입구

카스트로헤리스
Castrojeriz

산 후안 바우티스타
(성 요한 세례자) 성당
Iglesia de San Juan Bautista

산토 도밍고 성당
Iglesia de Santo Domingo

산 안톤 아치
Arco de San Antón

만사노의 동정녀 성당
Colegiata de La Virgen del Manzano

경계 지역에 있으며 중요한 도로가 인근을 지나간다.

882년 전쟁으로 파괴된 마을에 새 이주민들이 정착하기 시작했고 974년 가르시아 페르난데스 백작과 알폰소 7세로부터 자치권을 받았다. 1131년에는 카스티야 왕국에 병합되었다.

이 산 중턱에 자리잡은 마을의 거의 1킬로미터에 달하는 구시가지의 중심도로를 따라 순례길이 지나간다. 이 길을 따라 성당들과 세 개의 수도원들, 그리고 7개까지 늘었었다고 하는 순례자 숙소들과 각종 숙박시설들이 있었고 무역을 통해 해외에서 가져온 음식들이 가득한 상점들이 있었다고 한다.

만사노의 동정녀 성당
Colegiata de la Virgen del Manzano

카스트로헤리스의 성당들 중 가장 주목할 만한 성당으로 1214년부터 짓기 시작했다. 여러 건축 양식들이 복합적으로 나타나는데 주로 로마네스크-고딕 양식으로 지어졌다. 전면에는 탄생 예고를 주제로 장식된 문과 이니고 로페스 데 멘도사 추기경이 헌납한 독일 장미창이 있다. 13세기 만사노의 성모상 Virgen del Mazano이 성당 내부 18세기 경당에 모셔져 있다. 만사노 Mazano는 '사과나무'란 뜻이다.

성당 내부 주제단 뒤 금색으로 칠해진 바로크 제단화에는 18세기 작가 안톤 라파엘 멩스 Anton Raphael

만사노의 동정녀 성당

Mengs가 그린 것으로, 천사가 마리아에게 예수를 잉태할 것이라는 소식을 전하는 모습이 담겨 있다. 멩스는 독일-보헤미안 화가로 로마, 마드리드 등지에서 활동했다. 전설에 의하면 콜럼버스의 친구 중 하나가 카스트로헤리스에 살았는데, 그가 이 제단화를 위해 금을 제공했다고 한다. 순례자 산티아고 상과 말을 타고 전투를 이끄는 모습의 산티아고 상이 함께 있다.

끝까지 가면 산 후안 바우티스타 성당이 있다. 13-16세기에 세워졌고, 성당이라기보다는 감시탑을 지닌 성처럼 보이기도 한다. 화려한 고딕 양식의 회랑과 바로크 양식의 제단, 그리고 아름다운 무데하르 양식의 천장이 있다.

카스트로헤리스는 특별히 시에스타가 아직도 철저하게 지켜지는 마을로 알려져 있다. 시에스타 시간이 되면 관공서, 상점 등 대부분이 문을 닫지만, 다행히도 바는 문을 여는 곳이 많아서 더위에 지친 순례자들에게 오아시스의 역할을 하고 있다.

산토 도밍고 성당

산토 도밍고 성당
Iglesia de Santo Domingo

순례길을 따라가면 구시가지 골목길에 있다. 16-17세기 지어졌고 내부는 박물관을 겸하고 있다. 보석, 장식품들, 조각상들과 14세기 태피스트리 컬렉션 등이 있다.

산 후안 바우티스타(성 요한 세례자) 성당
Iglesia de San Juan Bautista

중심가인 카예 레알을 따라 마을

산 후안 바우티스타 성당

15 카스트로헤리스 Castrojeriz 에서 프로미스타 Frómista 까지

피수에르가 강 이테로 다리

카스트로헤리스 Castrojeriz — 모스텔라레스 고개 4km Alto de Mostelares — 피수에르가 강의 이테로 다리 6km Puente de Itero — 이테로 데 라 베가 1.5km Itero de la Vega — 보아디야 델 카미노 8km Boadilla del Camino — 프로미스타 6.5km Frómista

총 26km

    아침 해뜰 무렵, 카스트로헤리스를 출발하여 작은 다리를 건너니 곧 가파른 언덕이 눈앞을 막아선다. 힘겹게 고개를 오르면 작은 지붕이 있는 임시대피소가 있다. 그 앞에 설치된 텐트 앞에 한 청년이 앉아있는데, 미국 사람이란다. 몇 마디 나누어보니 두 달째 이 길을 걷고 있고 네 달을 더 걸어 이곳저곳 여행할 계획이라고 한다. 걷는 이유를 묻지는 않았지만, 무언가 자신에게 소중한 것을 찾아다닌다는 느낌을 받았다. 소중한 것을 얻기 위해 불편함을 감수하고, 용기있게 자신의 길을 걷는 젊은이들을 꽤 많이 만날 수 있다는 것이 이 순례길이 가진 또 하나의 매력이다.

모스텔라레스 고개를 바라보며

피수에르가 강 산 니콜라스 경당

모스텔라레스 고개
Alto de Mostelares

가파른 언덕을 올라가면 작은 대피소가 있는 900미터 높이의 메세타가 나온다.

피수에르가 강 Río Pisuerga

강을 건너는 이테로 다리 직전에 산 니콜라스(성 니콜라오) 경당이 있다.

산 니콜라스 경당
Hospital Para Peregrinos de San Nicolás

바리의 성 니콜라오의 이름을 딴 이 경당에 1174년에 이미 순례자 숙소가 있었다는 기록이 있다. 오랫동안 운영이 중단되었으나 최근 순례자들로 구성된 이탈리아 페루자의 산티아고 자선단체가 그 순례자 숙소를 재건하고 호스텔로 만들어 일 년에 세 달 이상 문을 열고 있다.

푸엔테 데 이테로 Puente de Itero

산티아고 순례길에서 다리의 역할은 매우 중요했다. 소통의 근본적인 방법이었고 왕들은 순례길을 잘 보살펴 자신의 명성을 높이기 위해, 각별히 다리들을 관리하였다. 레온과 카스티야에서 알폰소 6세는 스스로 순례길의 보호자를 자처하며, 로그로뇨와 산티아고 사이의 모든 다리들이 잘 관리되게 지원했다.

다리를 건너면 팔렌시아 주 표지판이 서있고 긴 의자들이 있는 작은 휴식장소가 있다. 카스티야 이 레온 자치지역의 팔렌시아 주에 들어선 것이다. 순례길에서 팔렌시아 주는 이곳 피수에르가 강에서부터 사아군 직전까지의 지역에 펼쳐지며, 여러 개의 강과 운하가 대지를 적셔주는 비옥한 평야지대이다.

이 근방에서 티에라 데 캄포스 Tierra de Campos가 시작된다. 이 티에라 데 캄포스는 '평야지대'란 뜻이다. 카스티야 이 레온 자치지역의 여러 주에 걸쳐있는 평야지대로 풍부한 곡창지대이다. 그래서 문헌에는 종종 부유함의 원천으로 소개되기도 한다. 비옥한 땅에서 나는 밀과 포도가 드넓은 벌판을 채우고 있기에 부를 쌓을 수 있었기 때문이다.

이테로 데 라 베가
Itero de la Vega

이테로 다리를 건너 강둑에 있는 팔렌시아 주의 첫 번째 마을이다. 마을의 기원은 9-10세기경으로 거슬러 올라가며 아스투리아스의 알폰소 3세의 인구 재배치 정책의 결과로 보인다. 13세기에 지어진 산 페드로(성 베드로) 성당 Iglesia Parroquial de San Pedro Apóstol이 있다. 여러 차례 증축되었으며 내부는 주랑을 중심으로 양 옆에 측랑이 있는 형태이다.

이테로 데 라 베가를 지나면 넓은 평야지대가 나오고 이 지역에 물을 공급하는 피수에르가 운하를 건너면 보아디야 델 카미노를 만난다.

보아디야 델 카미노
Boadilla del Camino

이 마을에는 두 개의 기념물이 있는데 성모 승천 성당과 고딕식 돌기둥이다. 성모 승천 성당은 17세기 건축물로 1770년까지 개축되었다. 주랑을 중심으로 두 개의 측랑이 있으며 신고전주의 양식의 18세기 제단화가 있다. 하나의 돌을 파서 반구형으로 만든 13세기 로마네스크 세례대도 있다.

고딕식 돌기둥은 성당 옆 광장에 15세기 말에서 16세기 초 사이에 세워진 것으로 다섯 계단을 가진 둥근 발판에 놓여 있다. 기둥에 있는 세로로 난 홈은 장미와 조가비 문양으로 장식되어 있고 그 위에 원통 모양의 기둥머리가 얹혀 있다. 이 기둥머리에는 동물과 식물 문양이 조각되어 있고, 그 위에 첨탑 모양으로 마무리되었다.

이 기둥은 마을이 독립적인 사법권이 있음을 표시하기 위해 세워졌는데, 이 기둥에 범죄자를 묶어놓아

이테로 데 라 베가 산 페드로 성당

보아디야 델 카미노 성모 승천 성당

보아디야 델 카미노 정의의 기둥

프로미스타 Frómista

도시 이름에 관하여 두 가지 설이 전해진다. 하나는 '첫 번째' 혹은 '가장 중요한 것'이라는 뜻의 서고트 사람의 이름에서 유래했다는 설이고, 다른 하나는 곡식을 뜻하는 라틴어 프루멘툼Frumentum에서 유래했다는 설이다.

12세기에서 15세기까지 프로미스타에는 두 개의 관할권이 있었는데, 산 마르틴 구역은 카리온의 수도원장이, 그 이외 지역은 영주가 관할하였다. 이런 이중적인 관할권은 1427년 하나로 통합되었다.

경각심을 불러일으켰다고 한다.

18세기에 만들어진 카스티야 운하Canal de Castilla는 과거 관개뿐만 아니라 곡물 수송까지 담당했었다. 현재는 관개와 레저에 사용되고 있는데, 순례길은 이 운하 곁을 따라 프로미스타로 이어진다.

중세 말 가톨릭 왕조 시대에 카스티요의 성모 성당Iglesia de Nuestra Señora del Castillo의 제단화와 같은 프로미스타의 중요한 중세 예술품이 만들어졌다. 또한 순례자들을 위한

프로미스타 산 마르틴 성당

프로미스타
Frómista

산 마르틴(성 마르티노) 성당
Iglesia de San Martín de Frómista

산 페드로 성당
Igelsia de San Pedro

산 텔모 광장
Plaza de San Telmo

카스티요의 성모 성당
Iglesia de Santa María del Castillo

숙소들도 지어졌는데, 이들은 모두 산티아고 순례길이 이곳을 경유하면서 생겨난 문화적 결과들이다.

산 마르틴(성 마르티노) 성당
Iglesia de San Martín de Frómista

1066년경 산 마르틴 수도원과 성당이 세워졌다. 1118년 수도원의 소유주였던 도냐 우라카 왕비는 이 수도원의 관할권을 카리온의 베네딕토회 수사들에게 주었다.

산 마르틴 성당의 본래 건물은 남아 있지 않다. 1896년부터 1904년까지 건축가 마누엘 아니발 알바레스Manuel Anibal Alvarez의 지휘 아래 대대적인 복원이 진행되어 현재에 이르는데 복원에 대해서는 계속적으로 문제가 제기되고 있다고 한다.

산 마르틴 성당은 주랑을 중심으로 양 옆에 측랑이 있는 구도로 제단 위로 팔각형의 돔이 있다. 전체적으로 장식이 적고 절제된 외형인데 반해 북쪽 전면은 비교적 장식적이다.

성당 안팎에서 다양한 조각예술을 감상할 수 있으며 특히 성당 내부에 있는 100여 개의 각기 다른 기둥머리와 309개의 돌출된 대들보들이 볼 만하다. 기둥머리에는 식물과 동물, 인간들의 모습이 담겨 있는데 아담과 이브, 삼왕의 방문 등의 성경 이야기와 그리스도교 교리를 담은 상징들이다. 제단의 십자가상 왼쪽에는 14세기에 제작된 산 마르틴 상이 서있다.

산 마르틴 성당 기둥머리들

산 마르틴 성당 주제단

산 페드로 성당 Igelsia de San Pedro

15세기에 지어지기 시작한 고딕 성당으로 후안 데 에스칼란테Juan de Escalante가 설계한 르네상스 전면이 특징이다. 내부에는 프란시스코 트레호Francisco Trejo가 만든 17세기 제단화가 있다. 가운데 배를 들고 있는 산 텔모를 중심으로 성 베드로와 성 바오로 조각상이 있다. 현재 박물관으로 사용되고 있다.

산 텔모 광장 Plaza de San Telmo

도시의 유명한 인물 중 한 사람인 산 페드로 곤살레스 텔모Pedro González Telmo(1190-1246)의 동상이 산 페드로 성당 맞은편 산 텔모 광장에 세워져 있다.

산 텔모는 프로미스타 출신의 가톨릭 사제로 팔렌시아에서 사제품을 받았다. 팔렌시아에서 참사회원으로 일한 후 도미니칸 수도회에 입회했으며 카스티야의 왕인 페르난도 3세의 지도신부로 활동했다. 공

산 페드로 성당(위)
산 페드로 성당 주제단화에 있는
산 텔모 성인상(아래)

산 텔모 광장

식적으로 임명된 것은 아니나 선원들의 수호성인으로 알려져 있다. 교황 베네딕토 14세가 1741년 성인으로 시성하였고 투이Tuy와 프로미스타의 수호성인으로 공경되고 있다.

카스티요의 성모 성당
Iglesia de Santa María del Castillo

14세기에 공사가 시작되었지만 15세기까지 완성되지 않았다. 마을에서 가장 높은 곳에 요새 형태로 세워져서 아름다운 경관을 볼 수 있으며 주랑을 중심으로 양 옆에 측랑이 있다.

카스티요의 성모 성당

프로미스타 숙소에 짐을 풀고 정리를 한 후, 도시 구경에 나섰다. 텔모 광장 앞 카페테리아 로스 팔메로스Los Palmeros의 운치 있는 실내장식이 오래된 전통을 느끼게 한다. 나이 지긋한 웨이터가 건네주는 카페 콘 레체와 케이크 한 조각으로 요기를 하고 밖으로 나와 보니 계속 닫혀 있던 산 페드로 성당 문이 잠시 열렸다. 어두운 성당 실내에서 잠시 기도하고 성당 안을 둘러보는데, 수녀님이 문을 닫아야 한다고 말한다. 잠시 일 때문에 수녀님이 방문해 운이 좋게 성당 문이 열려 있었던 것 같다. 밖으로 나오니 수녀님이 성당 문을 닫고 어디론가 바삐 길을 간다.

순례길의 황금기 때 큰 성당들이 많이 세워졌다. 모두 역사적인 유산으로 손색이 없다. 하지만, 현재는 마을의 규모나 인구수에 비해서 성당의 크기나 숫자가 크고 많은 것이 사실이다. 그래서인지 모든 성당이 항상 개방되어 있지는 않으며 박물관으로 사용되는 곳도 많다. 다행스럽게도 최근 순례자가 늘면서 보수작업이 활발히 이루어진다고 한다. 관리가 쉽지는 않겠지만 이 성당들이 본래의 모습으로 항상 사람들과 함께할 날을 기대해 본다.

산 페드로 성당 내부

16 프로미스타 Frómista에서
카리온 데 로스 콘데스 Carrión de los Condes 까지

카리온 데 로스 콘데스 산티아고 성당 정문

프로미스타 Frómista · 포블라시온 데 캄포스 Población de Campos 4km · 레뱅가 데 캄포스 Revenga de Campos 3.5km · 비야르멘테로 데 캄포스 Villarmentero de Campos 2km · 비얄카사르 데 시르가 Villalcázar de Sirga 4.5km · 카리온 데 로스 콘데스 Carrión de los Condes 6km

총 20km

    프로미스타에서 카리온 데 로스 콘데스까지는 P-980 도로 옆에 만든 보도 전용 트랙인 센다를 걷는 일정이다. 이런 길이 싫다면 포블라시온에서 우회로로 들어가 강을 따라 걷다가 비얄카사르 데 시르가에서 다시 합류하는 방법이 있다. 강을 따라 걷는 우회로가 더 매력적으로 느껴졌지만, 지리에 밝지 못한 터라 도로 옆길을 따라 걷는 것이 더 쉽겠다 싶었다. 방향 표지판도 잘 세워져 있어 길을 잃을 염려도 없고, 거리를 가늠하기도 좋기 때문이다. 다만, 이 길을 걸으려면 항상 머리 위에서 함께하는 해님과 동행할 만반의 준비를 해야 한다.

포블라시온 데 캄포스
Población de Campos

오래 전부터 정착민들이 있었던 마을이다. 10세기경부터 산티아고로 가는 순례자들이 들어왔고, 12세기에는 산 후안 수도회가 운영하는 순례자 숙소가 있었다. 18세기 중반 대대적으로 개축된 산타 마리아 막달레나 성당Iglesia de Santa María Magdalena이 있다.

레벵가 데 캄포스 산티아고 상

포블라시온 데 캄포스 산타 마리아 막달레나 성당

레벵가 데 캄포스
Revenga de Campos

순례길이 통과하는 마을 중앙 광장에 2004년에 세워진 순례자 산티아고 동상이 있다. 팔렌시아 교구 기록에 의하면 1345년에 이 마을에 두 개의 성당이 있었는데 하나는 산 요렌테 성당이었고 다른 하나는 지금도 사용되고 있는 산 로렌소 성당 Iglesia Parroquial de San Lorenzo이다. 산 로렌소 성당은 하나의 주랑이 있는 구조로 석재와 벽돌로 만든 종탑이 있다. 주제단화는 17세기 후반에 제작된 것이다.

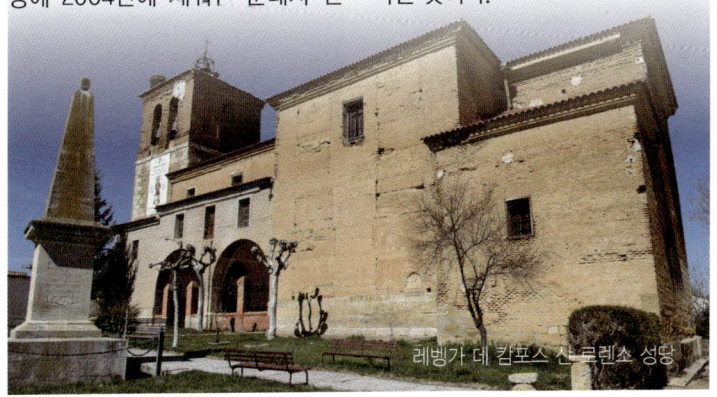

레벵가 데 캄포스 산 로렌소 성당

비야르멘테로 데 캄포스
Villarmentero de Campos

투르의 산 마르틴(성 마르티노) 성당Iglesia Parroquial de San Martín de Tours이 있다. 무데하르 양식의 목재 천장과 16세기 목재 현관이 있다. 내부에는 하나의 주랑이 있고 16세기 플라테레스크 양식의 주제단이 있다.

비얄카사르 데 시르가/ 비야시르가
Villalcázar de Sirga/Villasirga

P-980 도로 곁으로 난 순례길을 걷다 보면 들판에 펼쳐진 마을에 우뚝 선 대성당이 보인다. 성당이라기보다는 성이나 요새처럼 보이는 건물 외관에서 세월이 느껴진다. 바로 13세기 성당 산타 마리아 라 블랑카 성당Iglesia de Santa María la Blanca이다.

로마네스크 후기 건축물로 큰 장미창과 조각상들이 성당을 장식한다. 성당의 문에 두 개의 프리즈

비야르멘테로 데 캄포스 투르의 산 마르틴 성당

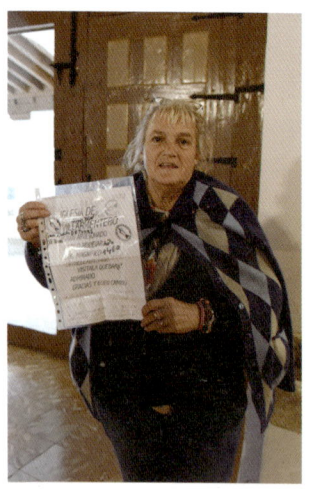

비야르멘테로 데 캄포스 성당 봉사자. 순례자들을 안내하기 위해 비바람이 치는 날씨에도 성당을 지키던 주민을 만날 수 있었다.

비얄카사르 데 시르가 산타 마리아 라 블랑카 성당

산타 마리아 라 블랑카 성당 출입문 위 프리즈(위) 백색 성모상(왼쪽) 주제단(오른쪽)

Frize(옛 건축물 상단 띠 모양의 조각 장식)가 있는데, 하나는 사복음서 저자에 둘러싸인 그리스도의 모습을, 다른 하나는 옥좌에 앉아있는 순결한 동정녀를 묘사하고 있다.

성당 내 산티아고 경당에 있는 13세기 고딕 양식의 백색 성모상La Virgen Blanca 머리 없는 아기를 한 팔로 안고 있는 동정녀 상으로 잘 알려져 있다. 이 성당에서 이 성모님을 통해 기도한 사람들이 많은 기적과 치유를 경험했기 때문이다. 특별히 눈이 안 보이는 사람과 다리가 불편한 사람들, 그리고 나병환자들에 관한 기적이 전해진다. 원작자가 만든 이 성모상의 복제품이 주제단과 출입구에도 놓여 있다.

이 산티아고 경당에는 돈 펠리페Don Felipe 왕자와 그의 아내 도냐 레오노르 루이스 데 카스트로Doña

비얄카사르 데 시르가
신타 마리아 라 블랑카 성당
산티아고 조각상(위) 기사 부조(아래)

Leonor Ruiz de Castro의 무덤도 있다. 돈 펠리페는 산 페르난도 3세의 다섯째 아들로 알폰소 10세의 형제이며 템플기사단에 속해 있었다. 템플기사단의 기사였던 후안 페레스의 무덤도 있다.

주제단에는 알폰소 10세가 화이트 성모님을 찬미한 노래에 나오는 기적들을 묘사한 부조와 패널들이 있다. 제대를 바라보고 왼편에 16세기의 순례자 복장을 한 산티아고 조각상이 있는 제단화가 있다.

성당을 나서기 전 문 안쪽에는 전쟁터로 달려 나가기 전 자신의 아내와 작별 인사를 하는 기사의 모습이 생생하게 묘사돼 있는 부조가 있다.

산타 마리아 라 블랑카 성당은 카스틸리안 왕조 템플기사단의 주요 사령부로도 역할을 했기 때문에 요새 형태로 지어졌다. 템플기사단은 티에라 데 캄포스와 아스트르가Astorga, 갈리시아Galicia 사이에서 여러 위험에 노출돼 있었던 순례자들을 보호하는 임무를 수행했다.

카리온 데 로스 콘데스
Carrión de los Condes

로마시대 이전부터 사람들이 정착해 살았던 고고학적인 증거들이 다수 발견된 곳이다. 카리온 데 로스 콘데스는 10세기에 새로운 이주민들을 받았고 레온 출신의 바누 고메스 가문Banu-Gómez Family이 일대를 통치하였다. 11세기 고메스 백작은 그의 아내 테레사Teresa와 함께 고대 그리스도교 순교자 소일로Zoilo의 유해를 코르도바Córdoba에서 모셔오게 하고 산 소일로 수도원과 순례자 숙소를 세웠다.

카리온 데 로스 콘데스는 일찍부터 정치, 경제, 문화적으로 중요한 곳이었기에 산티아고 순례길에서도 필수적으로 거쳐가는 곳이 되었고

카리온 데 로스 콘데스
Carrión de los Condes

산 소일로 수도원
Monasterio de San Zoilo

산티아고 성당
Iglesia de Santiago de Carrión de los Condes

산타 마리아 델 카미노 성당
Iglesia de Santa María del Camino

산타 클라라 수녀원
Monasterio de Santa Clara

산타 클라라 수녀원

종교회의가 열리는 등 교회에서도 중요한 도시로 자리잡았다.

산타 클라라 수녀원
Monasterio de Santa Clara

도시 순례길에 산타 클라라 Santa Clara 수녀원이 있다. 13세기에 세워졌고 문헌적 증거는 없으나 아시시의 성 프란시스코 성인이 산티아고 순례를 할 때 세웠다고 전해진다. 수녀원 박물관에 보관된 보물들 중에 그레고리오 페르난데스 Gregorio Fernández의 조각상 피에다드 Piedad(성모 마리아가 십자가에서 내려진 예수를 안고 슬퍼하는 모습을 묘사한 이미지)가 있다.

산타 마리아 델 카미노 성당
Iglesia de Santa María del Camino

카리온 데 로스 콘데스에서 가장 오래된 성당으로 12세기에 건축되기 시작했으며 1685년에 재건축되었다. 남쪽 전면이 유명한데 출입구에는 그리스도교 성당 건축에서는 보기 드물게 처녀들과 황소 머리가 조각되어 있다. 이는 100명의 처녀들의 전설을 표현한 것으로 매년

산타 마리아 델 카미노 성당

산타 마리아 델 카미노 성당 남쪽 출입구(왼쪽 위) 처녀들과 황소머리 조각(오른쪽 위)
출입구 아치 옆 두 개의 조각상(아래)

100명의 처녀들을 무어인들에게 바쳐야 했는데 황소들이 나타나 싸웠다는 전설이다. 이 전설을 묘사한 그림이 성당 내부에도 있다.

문 위에는 4개의 아치가 있는데 첫 번째 아치에는 37개의 직업을 상징하는 형상들이 조각되어 있다. 이는 후에 지어진 산티아고 성당에도 영향을 준 것으로 보인다.

문과 전면이 무너지는 것을 방지하기 위해 설치된 부벽이 만나는 양쪽 모서리에 두 개의 조각상이 있다. 왼쪽 것은 사자를 제압하는 삼손의 모습으로 보이고, 오른쪽은 승리한 기사의 모습으로 보이는데, 말발굽 아래 적을 밟고 있는 모습이다. 아마도 카를로 대제의 승리를 표현한 것으로 추정된다.

산타 마리아 델 카미노 성당 출입문 위 프리즈

출입문 위 프리즈에는 동방박사가 헤로데 궁전을 방문한 일과 말을 타고 베들레헴으로 가서 아기 예수님께 경배를 한 이야기가 조각되어 있다.

성당의 내부는 주랑을 중심으로 두 개의 측랑이 있는 구조로 15세기 십자가, 로코코 제단화, 성모님을 주제로 한 그림과 조각상을 찾을 수 있다.

산티아고 성당 Iglesia de Santiago de Carrión de los Condes

산티아고 성당은 12세기 건축물로 원래는 세 개의 앱스로 둘러싸인 주랑과 양 옆의 측랑을 가진 바실리카로 계획되었으나 15세기에 지붕이 무너지면서 16세기에 측랑 없이 주랑만 있는 성당으로 재건축되었다. 1811년 화재로 건물의 상태가 악화되자 더 이상 성당으로 사용하지 않고 복구하여 현재는 내부에 교회

산타 마리아 델 카미노 성당 주제단(위)
성당 내부 길 위의 성모상(중간)
순례자 산티아고 상(아래)

의 성물을 전시하는 박물관으로 사용하고 있다.

거의 완전하게 보존되어 있는 서쪽 전면은 1160년에서 1170년에 제작된 것으로 알려졌으며 스페인 로마네스크 작품으로 중세 유럽의 중요한 예술품으로 평가된다. 출입문에는 세 개의 아치가 있는데 가운데 아치에는 산타 마리아 성당과 비슷하게 24개의 형상이 조각되어 있다. 중세 스페인의 여러 직업이나 장인들의 모습으로 보고 있다. 자세히 보면 수사, 구두장인, 의복장인, 대장장이, 음악가, 요리사 등의 직업을 확인할 수 있다.

산티아고 성당

문 옆의 두 개의 기둥은 지그재그 문양으로 장식되어 있고 두 천사의 조각이 있으나 얼굴은 남아 있지 않다. 이 기둥들의 머리 부분은 훼손되어 명확하지는 않지만, 악마나 사자의 머리인 듯한 모습이 확인된다. 또 죽은 이들로부터 영혼을 거둬 올리는 이들도 보이는데, 죄인들의 영혼을 심판하고 올바른 영혼을 구원하는 모습이라는 해석이 있다.

문의 윗부분에 있는 프리즈는 유명하다. 왕권을 가진 그리스도를 사 복음사가를 상징하는 네 형상과 사도들이 둘러싼 모습을 표현하고 있다. 사 복음사가의 상징은 다음과 같은데 각각 천사는 요한복음서, 독수리는 마태오복음서, 황소는 루카복음서, 날개달린 사자는 마르코복음서 저자를 말한다. 열두 사도들은 그 양 옆으로 작은 아치 아래에 조각되어 있다.

왕이신 그리스도와 사 복음사가들을 표현한 산티아고 성당 프리즈

산 소일로 수도원

부분은 아름다운 르네상스 회랑으로 1537년 후안 데 바다호스Juan de Badajoz가 건축하기 시작해 미겔 데 에스피노사Miguel de Espinosa가 마무리하였다. 현재는 호텔로 사용되고 있다.

산 소일로 수도원
Monasterio de San Zoilo

도시를 벗어나는 길, 강을 건너 왼쪽에 11세기 카리온의 백작 카를로스 고메스 디아스와 그의 아내가 지은 산 소일로 수도원이 있었다. 이 수도원은 사아군 다음으로 가장 중요한 클루니 수도원이었다. 1993년 이곳에서 로마네스크 아치들과 그림 등 여러 가지 유물들이 발견되었다. 이 수도원에서 가장 중요한

산 소일로 수도원 호텔 회랑 유적에 있는 기둥에 묶인 예수 그리스도. 미겔 데 에스피노사가 돌 하나를 가지고 만든 것으로 알려져 있다.

산 소일로 수도원 호텔 회랑 유적

이번 스테이지 내내 걷는 P-980 도로는 차가 많이 다니는 도로는 아니다. 그러나 순례자들이 많을 때를 생각하면 찻길과 걷는 길을 분리한 것은 안전을 위해서 도움이 되는 정책이란 생각이 든다. 하루종일 도로 옆 센다를 걸어 도착한 카리온 데 로스 콘데스는 잘 정돈된 거리와 많은 신앙 유산을 간직한 곳이었다. 특히 산 소일로 수도원은 유명한데, 지금은 호텔로 바뀌었으며 국가 역사 기념물로 지정된 수도원 유적을 관리하고 있다.

스페인의 많은 대수도원들이 근대와 현대를 거치며 큰 변화를 경험했다. 사라져 버린 곳도 있고, 작게나마 명맥을 유지하는 곳도 있지만, 전반적으로 쇠락의 길을 걸은 것은 분명하다. 유럽 전체가 직면했던 사회주의와 무신론의 대두가 외부적인 이유라면, 교회 내부적인 이유로는 초심으로 돌아가지 못한 이유가 가장 크다고 하겠다. 도저히 가난이라는 말이 어울리지 않는 교회의 모습들이 많은 사람들의 발걸음을 멀어지게 만들었다.

위기는 기회라는 말처럼 다시 초심으로 돌아갈 때인지도 모른다. 눈에 보이는 대수도원은 유적이 되어 국가의 기념물이 되어 버렸지만, 가난으로 지어진 영적인 대수도원은 영원히 사람들과 함께 우리 곁에 남아 있을 것이기 때문이다.

17 카리온 데 로스 콘데스 Carrión de los Condes 에서 칼사디야 데 라 케사 Calzadilla de la Cueza 까지

베네비베레 대수도원 유적

총 17km

베네비베레 대수도원 유적
Abadía de Santa María de Benevívere

카리온 데 로스 콘데스에서 한 시간이 안 걸리는 거리에 베네비베레 대수도원 유적이 있다. 순례길에서 오른편에 있는데 그냥 지나치기 쉽다. 11-12세기, 가난하고 아픈 사람들, 순례자들을 돕기 위해 카스티야의 귀족 디에고 마르티네스 Diego Martínez가 설립했으며 카리온 데 로스 콘데스의 산 소일로 수도원과 사아군의 수도원에서 운영하였던 수도원의 유적이다. 현재는 두 개의 문장이 있는 아치만이 남아 있다.

카리온 데 로스 콘데스에서 칼사디야 데 라 케사까지의 순례길 중 일부는 옛 로마제국의 도로인 비아 트라하나Via Trajana를 포함하고 있다. 이 옛길은 프랑스 보르도Bordeaux에서 스페인 아스토르가Astorga까지 건설되었다.

순례길을 걷다 보면 여러 길을 만난다. 자동차 도로의 한켠을 차량들을 피하며 걷는 곳도 드물게 있다. 또 차도 옆에 만들어진 걷기 전용 길도 있다. 큰 도시에서는 번화가를 통과하고 마을로 들어서면 포장된 거리를 걷는다. 주로 많은 길은 트랙터가 다닐 정도의 농로로 흙길이고 한가해서 걷기도 좋지만 그늘이 없는 경우가 많다. 아무래도 순례자에게 가장 좋은 길은 나무가 뜨거운 태양을 가려주는 숲길이다.

이렇게 다양한 길을 걷다 보면, 역시 길은 인생과 닮았다는 생각을 하게 된다. 길과 인생에는 나름대로의 역사와 사연이 배어있으며, 길과 인생 둘 다 어떤 목적지를 향해 가기 때문이다. 그래서 순례길을 걷는다는 것은 곧 인생에 대해 생각하는 일인지도 모른다. 마을도 거의 없는 길을 걸어서 마을 이름에 '길'Calzadilla이 들어있는 작은 마을 칼사디야 데 라 케사로 들어간다.

칼사디야 데 라 케사
Calzadilla de la Cueza

산 마르틴 데 칼사디야 성당

그야말로 작은 상점 하나 없는 작은 마을로 이름의 앞 부분인 '칼사디야'는 '작은 길'을 의미한다. 로마시대 도로가 이 인근을 지났기 때문에 생겨난 이름으로 보인다. 산 마르틴 데 칼사디야 성당Iglesia de San Martín de Calzadilla은 중세 때에 라틴 십자가 형태로 세워졌고 여러 차례 개축되어 오늘의 모습이 되었다. 내부에 16세기 르네상스 양식의 제단화가 있다.

18 칼사디야 데 라 케사 Calzadilla de la Cueza에서 사아군 Sahagún까지

사아군 중앙광장

칼사디야 데 라 케사 Calzadilla de la Cueza
레디고스 Ledigos 6km
테라디요스 데 템플라리오스 Terradillos de Templarios 3km
모라티노스 Moratinos 3km
산 니콜라스 델 레알 카미노 San Nicolás del Real Camino 3km
사아군 Sahagún 8km

총 23km

레디고스 Ledigos

벽돌로 지어진 산티아고 성당 Iglesia de Santiago이 있다. 16세기부터 18세기까지 여러 조각상들이 있는 로코코 양식의 주제단화가 있다.

레디고스 산티아고 성당

테라디요스 데 템플라리오스 산 페드로 성당

테라디요스 데 템플라리오스 Terradillos de Templarios

생장피에드포르와 산티아고 데 콤포스텔라 사이의 중간 지점인 이 마을의 기원은 6세기 로마시대 후기로 거슬러 올라간다. 순례자들을 위한 지속적인 나눔의 실천으로 산티아고 순례길에 속하게 되었으며 템플기사단이 운영했던 12세기 순례자들을 위한 숙소가 있었는데 지금은 폐허로만 남아 있다. 주랑만 있는 산 페드로(성 베드로) 성당Iglesia de San Pedro이 있다.

모라티노스 Moratinos

16-17세기 벽돌 건물인 산토 토마스 데 아퀴노(성 토마스 데 아퀴나스) 성당Iglesia Parroquial Santo Tomás de Aquino이 있다.

모라티노스는 무데하르스Mudéjars 즉, 스페인에 사는 무슬림들 가운데 그리스도인들의 법에 따라 살아가는 사람들이 정착한 마을이다. 이들은 벽돌을 이용한 건축기술을 가졌는데 지금도 사아군과 인근 지역에서 벽돌을 쌓아 만든 성당과 같은 무데하르 양식의 건축물들을 찾아볼 수 있다.

산 니콜라스 델 레알 카미노 San Nicolás del Real Camino

팔렌시아 주의 마지막 마을이다. 지역의 전통대로 진흙 벽돌로 지어진 산 니콜라스 오비스포 성당Iglesia de San Nicolás Obispo이 있다. 내부에 바로크 양식의 제단화가 있다.

모라티노스 산토 토마스 데 아퀴노 성당

산 니콜라스 델 레알 카미노 오비스포 성당

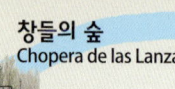
창들의 숲
Chopera de las Lanzas

사아군 Sahagún

칸토 다리
Puente Canto

베네딕토 수녀회
종교예술 박물관
Museo Sacro de las
Madres Benedictinas

산 베니토(성 베네딕토) 아치
Arco de San Benito

산 만시오 경당 유적
La Capilla de San Mancio

산 티르소 성당
Iglesia de San Tirso

산 로렌소 성당
Iglesia Parroquial de
San Lorenzo

산 후안 데 사아군
(사아군의 성 요한) 성당
Iglesia de San Juan de Sahagún

순례자 숙소
Albergue Municipal de
Peregrinos
(옛 삼위일체 성당
Iglesia de la Trinidad)

다리의 성모 경당
Ermita de la Virgen del Puente

카스티야 이 레온 자치지역에서 산티아고 순례길이 통과하는 곳은 부르고스 주와 팔렌시아 주, 그리고 레온 주이다. 순례자는 이제 팔렌시아 주를 벗어나 레온 주에 들어선다. 주도는 레온이고, 순례길 전체에서 크고 부유한 주에 속한다. 레온 주의 첫 번째 도시가 사아군이다.

사아군 Sahagún

사아군이란 도시 이름은 3세기 성인들인 파쿤도Facundo와 프리미티보Primitivo가 순교한 데서 유래한다. 성인들은 이곳에서 목이 잘린 후 세아 강에 버려졌고 마을 사람들은 이들의 순교를 기리는 경당을 세웠다. 그래서 이 지역을 라틴어로 산투스 파쿤두스Santus Facundus로 불렀는데 후에 이 말이 사아군Sahagún으로 변형되었다.

사아군은 알폰소 6세 왕의 통치 시절인 11세기에 큰 발전을 이룬다. 알폰소 6세는 대수도원을 정치, 문화, 신앙의 중심으로 발전시키고자 하였고 클루니 수도회를 통해 로마의 보편적 전례를 도입했다. 이런 전례의 변화는 이 도시를 국제화하는 계기를 마련하였다. 1085년 알폰소 6세는 전례 개혁과 함께 수도원과 도시에 자치권을 주었고 도시와 수도원은 함께 크게 성장하였다. 도시의 성벽 안에는 서로 다른 문화와 국적을 가진 사람들 즉, 무역상인들, 아랍 사람들, 유다인들 등이 함께 삶을 영위해 갔다. 경제적으로 풍족한 도시 사아군은 수도원의 도시였고 신앙과 함께 발전한 도시였다. 산티아고 순례길도 이 도시의 발전에 지대한 영향을 끼쳤고 도시 역시 순례자들을 환영하였다.

화려했던 12세기가 지나고 세월이 흐르면서 이 대단한 수도원의 도시도 그 빛을 잃어갔다. 석재가 귀해 벽돌로 지은 건물들은 보존하기 어려웠다. 지금 이 도시에서 그 옛날의 영광을 찾아보기는 어렵다. 그저 '매우 모범적인 도시'로 불리던 옛날의 명성만이 전해져 올 뿐이다.

다리의 성모 경당과 순례자들

다리의 성모 경당
Ermita de la Virgen del Puente

발데라두에이^{Valderaduey} 강을 가로지르는 로마시대 다리를 건너면, 12세기 다리의 성모 경당이 있다. 사아군의 다른 중세 건물들처럼 벽돌로 지은 무데하르 양식의 건물이다. 예전에 순례자 숙소가 운영되기도 했는데 운영 주체는 알려져 있지 않다. 경당 앞 넓은 앞마당에서는 매년 4월 25일 지역 청소년들이 참여하는 로메리아스^{Romerias}(단기 지역 순례)가 열린다.

산 후안 데 사아군 (사아군의 성 요한) 성당
Iglesia de San Juan de Sahagún

신고전주의 양식의 성당으로 흰색과 노란색의 전면이 눈에 띈다. 이 지역 출신인 사아군의 성 요한을 주보성인으로 하며, 도시의 기원이 된 두 성인 즉 산 파쿤도와 산 프리미티보의 유해가 제단에 모셔져 있다.

사아군 산 후안 성당

순례자 숙소
Albergue Municipal de Peregrinos
(옛 삼위일체 성당 Iglesia de la Trinidad)

벽돌로 지어진 16세기 성당으로 원래 있던 바로크 제단화는 베네딕토 수녀회 종교예술 박물관 성당으로 옮겨져 보존되고 있다. 현재는 순례자 숙소로 사용되고 있다.

산 로렌소 성당

형태가 함께 나타난다. 무데하르 벽돌 건축물의 특징인 기하학적 문양을 볼 수 있는데 이는 산 티르소 성당에서도 볼 수 있다. 주랑을 중심으로 양 쪽에 측랑이 있는 형태로 4층 탑이 있다.

산 티르소 성당 Iglesia de San Tirso

레온 주에서 가장 오래된 무데하르 양식의 성당 중 하나로, 산 로렌소 성당과 마찬가지로 이후 이 지역에 세워진 다른 성당들의 본보기가 되었다. 성당 중앙 앱스 위에 삼층탑이 있으며 주랑을 중심으로 양 옆에 측랑이 있다.

현재는 순례자 숙소인 옛 삼위일체 성당과 성당 앞 순례자상

산 로렌소 성당
Iglesia Parroquial de San Lorenzo

벽돌로 지어진 13세기 초 로마네스크 건축물. 그리스도교 전통과 나중에 들어온 이슬람교의 장식적인

산 티르소 성당

산 베니토(성 베네딕토) 아치
Arco de San Benito와 산 만시오 경당
La Capilla de San Mancio 유적

사아군의 상징적 건축물인 산 베니토 아치는 1662년 펠리페 베로호 Felipe Berrojo의 설계로 만들어졌다. 국가기념물로 지정되었으며 산티아고 순례길에 속해 있다. 아치의 중앙에는 왕실 문장이 있고 문장 양옆에 있는 동상은 사아군을 부흥시킨 두 왕 알폰소 3세와 알폰소 6세이다. 아래쪽 벽감에는 각각 사아군의 기원이 된 두 성인, 산 파쿤도와 산 프리미티보 상이 있다. 아치 옆에 우뚝 서있는 유적은 역시 국가기념물로 지정된 산 만시오 경당으로 클루니 베네딕토 수도원의 일부이다.

산 만시오 경당 유적

산 베니토 아치

베네딕토 수녀회 종교예술 박물관

베네딕토 수녀회 종교예술 박물관 Museo Sacro de las Madres Benedictinas

박물관 입구 산 베니토 상

16세기에 지어진 베네딕토 수녀원 Monasterio de Santa Cruz 안에 종교예술 박물관이 있다. 소장품 중에는 16세기 성체현시대와 바로크 양식의 순례자 동정녀 La Virgen Peregrina 조각상이 잘 알려져 있다. 수녀원 성당에는 알폰소 6세와 그의 네 명의 부인들의 무덤이 있다.

이번에도 넓은 벌판을 걷는 일정이었다. 산과 높은 건물이 없는 곳을 하루종일 걷다 보면 하늘이 참 넓다는 생각을 한다. 삼분의 이가 하늘이고, 삼분의 일이 땅이다. 하늘이 땅보다 훨씬 더 큰데도 사람들은 땅에 더 관심이 많다. 사아군의 어마어마한 대수도원 유적과 폐허를 보면 땅이 아니라 하늘에 집을 지어야 하지 않을까 하는 생각이 든다. 땅이 하늘보다 더 커 보이는 곳에 살면서 잃거나 잊고 살았던 사실을 오늘에야 다시 깨닫는다.

19 사아군Sahagún에서 렐리에고스Reliegos까지

사아군 외곽 칸토 다리

▶ 순례자들의 길

사아군Sahagún — 칼사다 델 코토 Calzada del Coto 5km — 칼사디야 데 로스 에르마니요스 Calzadilla de los Hermanillos 9km — 렐리에고스 Reliegos 17km

총 31km

▶ 왕립 프랑스 길

사아군Sahagún — 베르시아노스 델 레알 카미노 프랑세스 Bercianos del Real Camino Francés 10.5km — 엘 부르고 라네로 El Burgo Ranero 7.5km — 렐리에고스 Reliegos 13km

총 31km

사아군 외곽

칸토 다리 Puente Canto

사아군을 떠나며 세아 강을 건넌다. 이 세아 강을 건너는 돌다리인 푸엔테 칸토(Canto는 '가장자리', '끝'이란 뜻)는 1085년 알폰소 6세가 건설하였으며 다리 입구에 돌 십자가가 서있다.

* 창들의 숲 Chopera de las Lanzas의 전설

세아 강을 건너면 포플러 나무들이 늘어서 있는 작은 숲이 나온다. '창들의 숲'Chopera de las Lanzas이라고 불리기도 하는데 그 기원에 대하여 다음과 같은 전설이 내려온다.

산티아고의 무덤을 무슬림으로부터 해방시키기 위해 스페인 원정을 떠난 카를로 대제의 군대와 아이고란드가 지휘하는 무슬림 군대가 전투를 벌이고 있었다. 전투의 마지막 날 아침, 카를로 대제의 병사들은 지난 밤 자기 전에 땅에 꽂아 놓았던 창들에서 뿌리가 내리고 잎이 난 것을 발견했다. 병사들은 뿌리만 남겨두고 잘라낸 창을 가지고 전투에 나갔다. 이 전투에서 카를로 대제의 군대가 승리했지만 이 창으로 싸운 병사들은 모두 전사했다. 사람들은 이것을 거룩한 순교의 표지로 생각했고 그때 남겨진 뿌리들이 자라서 지금의 포플러 나무숲을 이루었다고 전해진다.

사아군을 나와 걷다 보면 순례길은 두 갈래로 갈라졌다가 렐리에고스에서 다시 만난다. 두 갈래 길은 각각 순례자들의 길, 왕립 프랑스 길로 불린다.

• 순례자들의 길
Calzada de los Peregrinos

이 길은 오래된 길로 옛 로마제국의 도로인 트라하나 길Via Trajana의 흔적이 남아 있다. 이 길을 따라가면 칼사다 델 코토Calzada del Coto, 칼사디야 데 로스 에르마니요스Calzadilla de los Hermanillos, 렐리에고스Reliegos를 거쳐 만시야 데 라스 물라스Mansilla de las Mulas에 이른다.

칼사다 델 코토
Calzada del Coto

마을 입구 묘지에 산 로케 경당 Ermita de San Roque이 있고 조금 더 들어가면 벽돌로 지어진 산 에스테반(성 스테파노) 성당Iglesia de San

Esteban이 있다. 성당 내부에 18세기 바로크 양식의 제단화가 있다.

칼사디야 데 로스 에르마니요스 Calzadilla de los Hermanillos

서고트 시대에 세워진 경당이 있었으나 10세기에 파손되자 산 바르톨로메(성 바르톨로메오) 성당Iglesia de San Bartolomé이 지어져 16-17세기에 개축되었다. 성당 옆에 옛 로마 길의 유적이 보존되어 있다.

• **왕립 프랑스 길**
  Real Camino Francés

18세기 왕실에서 정한 표준에 맞게 만들어진 길로 이 길을 따라가면 베르시아노스 델 레알 카미노 프랑세스Bercianos del Real Camino Francés와 엘 부르고 라네로El Burgo Ranero를 거쳐 렐리에고스Reliegos와 만시야 데 라스 물라스Mansilla de las Mulas로 향해 간다.

칼사다 델 코토 산 로케 경당(위)
칼사다 델 코토 산 에스테반 성당(아래)

베르시아노스 델 레알 카미노 프랑세스
Bercianos del Real Camino Francés

벽돌로 지어진 산 살바도르(구세주) 성당Iglesia de San Salvador이 있었으나 무너져 그 자리에 현대적인 모습의 새 성당을 지었다. 아직 미완성이라 현재 사용하지 않고 있다. 순례길에 있는 산 로케 경당Ermita de San Roque이 마을 성당 역할을 하고 있다.

엘 부르고 라네로
El Burgo Ranero

이 마을의 수호성인의 이름을 딴 산 페드로(성 베드로) 성당Iglesia Parroquial de San Pedro이 있다. 성당에

칼사디야 데 로스 에르마니요스
산 바르톨로메 성당과 로마시대 도로 유적

베르시아노스 델 레알 카미노 프랑세스
산 로케 경당(위)
새로 지은 성당(아래)

엘 부르고 라네로 산 페드로 성당

있던 로마네스크 양식의 성모상은 레온에 있는 카테드랄 박물관Museo Catedralicio de León에 보관되어 있다.

렐리에고스 Reliegos

두 갈래로 나뉘어졌던 순례길이 렐리에고스에서 다시 만난다. 마을 입구에서, 언덕에 와인저장고를 파고 문을 달아놓은 형태의 양조시설과 저장시설을 볼 수 있다. 9–10세기에 지어진 산 코르넬리오(성 고르넬리오)와 카르타고의 산 치프리아노(성 치프리아노) 성당Iglesia Parroquial de San Cornelio y Cipriano de Cartago이 있다. 산 코르넬리오와 산 치프리아노는 초대교회 때 이단에 맞서 싸운 성인들이다.

렐리에고스 와인저장고(위)
산 코르넬리오와 산 치프리아노 성당(아래)

20 렐리에고스 Reliegos에서 레온 León까지

부활절을 앞둔 레온의 성 주간 거리 행렬

렐리에고스 Reliegos
만시야 데 라스 물라스 Mansilla de las Mulas 6.5km
비야모로스 데 만시야 Villamoros de Mansilla 4km
레온 León 14.5km
총 25km

만시야 데 라스 물라스
Mansilla de las Mulas

만시야 데 라스 물라스는 12세기에 재정비된 요새 도시였다. 당시의 흔적인 도시 성벽과 그 너머 에슬라 강 위에 놓인 다리는 아직도 건재하다. '노새 안장 위의 손'이라는 뜻의 이 마을의 옛 이름 'Mano en Silla

만시야 데 라스 물라스 산타마리아 성당

de las Mulas'에서 이곳에 가축시장이 있었음을 추측해 볼 수 있다.

산타 마리아 성당Iglesia Parroquial de Santa María은 만시야 데 라스 물라스에 세워진 첫 번째 성당으로 1220년까지 이 지역에서 유일한 성당이었다. 현재 건물은 원래 성당이 있던 자리에 다시 세운 18세기 건축물이다.

비야모로스 데 만시야
Villamoros de Mansilla

비야모로스 데 만시야에 들어가기 전 란시아Lancia유적지가 있다. 옛 아스투리아스 왕국의 주요 도시로 로마제국 아우구스티누스 시대에 침공을 받았을 때 끝까지 저항한 마지막 요새였다.

비야모로스 데 만시야에는 진흙과 벽돌로 건축된 산 에스테반(성 스테파노) 성당Iglesia de San Esteban이 있다.

만시야 데 라스 물라스 산타 마리아 성당 주제단과 성당 앞 순례자 산티아고 상

비야모로스 데 만시야 산 에스테반 성당

순례길에는 많은 도시와 마을이 이어져 있다. 인구 20만 이상의 대도시가 있는가 하면 주민 수가 50명이 안 되는 작은 마을도 있다. 작은 마을을 통과하는 것은 어렵지 않지만 대도시 근처로 가면 복잡하고 위험한 길을 건너야 할 때가 있다. 관공서들이 순례자들을 위해 여러 교통 안전시설과 표지를 마련했지만, 실제로 걸어 보면 여전히 미흡한 점이 많다.

그 옛날 순례란 목숨을 걸고 떠나는 여행이었다. 위험이 가득한 예루살렘을 가거나 집에서 수천 킬로미터나 떨어진 곳을 여행해야만 했다. 가기만 하면 되는 것이 아니라, 다시 집까지 돌아와야 했고, 자동차도 기차도 항공기도 없었다. 기껏해야 말이나 노새와 함께했고, 대부분 두 다리로 걸어야만 했다.

오늘도 대부분의 산티아고 순례자들은 걸어서 순례를 한다. 좀도둑을 만난 일들이 보고되지만 심각한 강도의 위협은 사라졌다. 그러나 교통사고의 위험은 항상 순례자들을 따라다닌다. 특히 이번 구간과 같은 대도시 인근에서는 더욱 그 위험이 커진다. 그러므로 대도시 근처에서는 사방을 둘러보며 차량을 확인하고 교통신호를 지키자. 안전한 순례야말로 최고의 순례이기 때문이다.

레온 산 마르코스 광장 십자가

레온 León

레온은 고대왕국의 수도였을 뿐만 아니라 오늘날에도 레온 주의 수도로서 지역 중심지의 역할을 하고 있다. 중세 초기부터 레온은 산티아고 순례길에서 정거장 같은 도시였고, 여행자들을 돌보는 이 도시의 전통은 아직까지도 살아있다.

레온은 기원전 1세기 로마제국 아우구스투스 황제 시절 칸타브리안 전쟁 때 로마 6군단 Legio VI Victrix이

레온 León

산 마르코스 광장
Plaza San Marcos

산 이시도로 성당
Real Colegiata de San Isidoro de León

카사 보티네스
Casa Botines

카테드랄 데 산타 마리아
Catedral de Santa María

주둔했던 곳이다. 그 후 기원후 74년 로마 7군단Legio VII Gemina이 이곳에 정착한 것이 도시의 기원이 되었다. 레온이라는 현재의 이름은 '군단'이라는 의미의 라틴어 단어 '레기오Legio'에서 유래한 것이다. 로마인들은 이 도시를 중심으로 스페인 북서지역을 정복하고 이 지역에서 얻은 금을 로마로 운송하였다.

로마시대가 끝난 후 이 도시는 레온 왕국에 속했는데 도시의 역사가 곧 레온 왕국의 역사라고 할 만큼 중요한 도시였다. 그 후 서고트족이 침입하자 서고트 왕국의 도시가 되었고 이슬람 세력이 스페인을 점령하면서 레온도 이슬람의 지배를 받게 되었다. 9세기 오르도뇨 1세Ordoño I 왕이 도시를 탈환하고 10세기에 오르도뇨 2세가 레온을 수도로 삼았다. 10세기 후반 알만소르의 침공으로 도시가 크게 파괴되었으나 알폰소 5세가 재건하고 이곳에 자치권을 주었다.

1230년 레온 왕국은 카스티야 왕국과 통합되었다. 1296년부터 1301년까지 레온은 다시 독립왕국이 되었으나 그 이후부터 1833년까지는 지역과 주를 중심으로 행정이 이루어졌다. 레온 왕국은 프랑스 군대가 침공한 짧은 시기를 제외하고는 계속해서 레온을 수도로 유지하였다. 1983년 레온은 카스티야 지역과 병합되어 카스티야 이 레온 자치지역이 되었다.

산타 마리아 카테드랄
Catedral de Santa María

순례길을 따라 전해진 건축기술에 힘입어 지어진 산타 마리아 카테드랄은 스페인 고딕의 걸작 중 하나이다. 이곳은 한때 주둔했던 로마제국 군대의 목욕탕이 있었고 오르도뇨 2세의 궁전이 있었던 곳이기도 하다. 오르도뇨 2세는 이슬람의 침입을 무사히 방어한 데 대한 감사의 표시로 이곳

산타 마리아 카테드랄 전경

'최후의 심판'을 표현한 산타 마리아 카테드랄 정문 팀파눔

카테드랄 주제단

카테드랄 정문 백색 성모상(왼쪽)
카테드랄 내부에 있는 백색 성모상(오른쪽)

에 이 대성당을 지을 것을 명했고 그는 후에 성당 안에 묻혔다.

 카테드랄은 오랜 기간에 걸쳐 여러 명의 건축가에 의해 완성되었다. 특히 많은 조각상으로 장식된 세 개의 문이 있는 서쪽 전면이 눈길을 끌며 가운데 문의 기둥에는 '눈의 성모'로 불리기도 하는 백색 성모상 Nuestra Señora la Virgen Blanca이 있다. 산티아고 순례길에서 전통적으로 공경돼 온 백색 성모상은 카테드랄 내부에서도 볼 수 있다. 이 서쪽 문의 상단부 팀파눔에는 최후의 심판이 묘사되어 있다.

 성당 내부에는 13세기부터 20세기에 걸쳐 완성된 상당한 규모의 스테인드글라스가 있으며 호두나무로 제작된 15세기 고딕 양식의 성가대석도 볼 만하다. 주제단화는 프랑스 장인 니콜라스Nicolás Francés의 작품이고 제대 아래에는 은으로 된 산 프로일란San Froilán의 유해함이 있다.

산 이시도로 성당 전경

산 이시도로 성당
Real Colegiata de San Isidoro de León

산 이시도로 성당은 레온의 또 다른 건축적 보물로 로마네스크와 바로크 양식의 집합체이다. 원래 로마의 신 머큐리의 사원이던 것을 산 후안 성당이 대신하다가 988년 이슬람의 침공으로 무너졌다. 성당을 새로 지은 후 산 이시도로(성 이시도로)San Isidoro의 유해를 모셔오고 1063년 산 이시도로 성당으로 축성되었다. 7세기의 성인 이시도로는 중세기 동안 가장 널리 읽힌 책『에티몰로지에(라)Etymologiae』(어원사전)의 저자이기도 하다.

성당 정문 오른편에는 오직 성년에만 열리는 '자비의 문'Puerta del Perdón이 있는데, 병이 나서 산티아고까지 갈 수 없는 순례자들도 이 문을 통과하면, 순례길을 완주한 순례자들과 같은 은총을 받을 수 있다. 자비의 문의 상단부 팀파눔에는 십자가에서 내려지는 그리스도를 중심으로 부활과 승천에 대한 내용이 표현되어 있다. 팀파눔의 왼편에는 산 파블로(성 바오로), 오른편에는 천국의 열쇠를 들고 있는 산 페드로 상이 있다.

팀파눔의 아래쪽에 개와 사자로 보이는 동물의 머리 조각상이 있는데 이에 대해 다음과 같은 전설이 내려온다. 중세기에 이곳에 온 한 쌍의 남녀가 '자비의 문'의 효험에 대해 큰소리로 비웃었다. 종교적 믿음이 없었던 이들이 이 자비의 문을 지나려 하자 문을 내려다보고 있던 두 동물 조각상이 고개를 돌려 그들을 향해 큰소리로 짖었다. 그 소리는 수만 명이 모여서 내는 소리만큼이나 컸고 잠시 살아났던 두 동물은

산 이시도로 성당 자비의 문 전경과 팀파눔(위)
자비의 문 동물 조각(아래)

산 이시도로 성당 정문 어린 양의 문(위)
이시도로 성인의 유해함(아래)

머리의 방향이 살짝 바뀐 지금과 같은 모습으로 다시 굳어졌다.

자비의 문에 비해 웅장한 정문은 '어린 양의 문'Puerta del Cordero으로 불린다. 이 문 상단부 팀파눔의 조각들은 인간들을 위해 희생하신 그리스도를 상징하는 '아뉴스데이(하느님의 어린양)'를 주제로 한다. 아브라함과 이사악의 희생을 비롯해 구약성경에 나오는 희생에 대한 장면들이 나타나 있다. 팀파눔을 둘러싼 아치 양 옆에는 각각 산 이시도로와 산 펠라요San Pelayo의 부조가 있고 그 위에는 12개의 별자리 상징이 있다. 별자리 상징 아래 왼편에 보이는 상들은 각각 다윗 왕과 다섯

음악가들의 모습이다. 가장 꼭대기에는 이시도로 성인의 기마상이 있다.

성당 내부 주제단에는 산 이시도로의 유해가 모셔져 있고, 지하 왕실무덤Panteon de Reyes에는 23명의 왕과 왕비, 12명의 왕자와 공주 그리고 9명의 백작과 백작부인들이 묻혀 있다. 이 지하 무덤에는 12세기 로마네스크 천장화들이 보존되어 있어 '스페인의 로마네스크 시스틴 경당'으로 불리기도 한다.

산 이시도로 성당 내부(위)
성당 박물관 왕실 무덤 입구(중간)
왕실 무덤 내부 천장화(아래)

카사 보티네스

카사 보티네스 Casa Botines

 세계적으로 유명한 스페인 건축가 안토니오 가우디가 설계한 건축물 카사 보티네스가 루아 거리 끝에 있다. 가우디가 레온의 한 상인의 의뢰로 1891년 설계를 시작한 것으로 그 결과 중세풍의 현대적인 건물이 탄생하였다. 1969년 9월 역사기념물로 지정되었다.

 레온 구시가지는 작은 골목과 광장들이 거미줄처럼 뒤섞여 있고 광장마다 상점과 바, 식당의 테이블이 자리잡고 있다. 관광객과 순례자들, 시민들이 이 거리에 활기를 불어넣고 또 그 거리에서 활력을 보충하기도 한다. 순례자들도 이곳에서만큼은 잠시 레온의 주민이 되어 그간의 피로를 회복하고 남은 순례를 위한 힘을 보충해도 좋겠다.

 순례자들은 산 마르코스 광장을 거쳐 레온 외곽으로 빠져나간다.

옛 산티아고 기사단 건물 전면 산티아고 부조

옛 산티아고 기사단 본부 회랑

산 마르코스 광장 Plaza San Marcos

플라터레스크 양식의 전면이 유명한 레온의 옛 산티아고 기사단 건물은 스페인 르네상스 건축사에서 매우 중요한 기념물이다. 현재는 성당과 박물관이 보존된 파라도르 국영호텔로 사용되고 있다. 광장을 마주하고 있는 옛 수도회의 전면은 산티아고에 대한 상징들로 채워져 있는데 검으로 만든 십자가 등 산티아고 기사단의 상징들과 말을 타고 적과 싸우는 영웅으로서의 산티아고 이미지들이 많이 나타난다.

이 건물의 기원은 12세기로 거슬러 올라간다. 1152년 레온의 알폰소 7세 왕 때 그의 누이인 카스티야의 산차 공주는 레온 성벽 밖 베르네스가 강둑에 산티아고로 가는 가난한 순례자들이 머물 수 있는 숙소와 산티아고 수도회의 본부 성당을 지었다. 16세기에 성당 건물이 오래되자 허물고 다시 지으면서 바로 옆에 베르네스가 강을 건너는 다리도 함께 세웠다. 성당은 후안 오로스코

산 마르코스 광장과 파라도르 국영호텔 전경

산 마르코스 파라도르 국영호텔에서 내려다 본 베르네스가 다리

Juan Orozco가, 전면은 마르틴 비야레알Martin Villarreal이, 그리고 회랑과 성물실은 후안 데 바다호스 엘 모소Juan de Badajoz el Mozo가 담당하였다. 1936년에서 1940년까지 스페인 시민 전쟁기간 중에는 감옥으로 개조되어 7천명 이상을 수감했던 아픈 역사를 가지고 있기도 하다.

산 마르코스 광장에 있는 15세기 십자가는 포르티요 고개에서 이곳으로 옮겨진 것으로 그 아래 신발을 벗어놓고 잠시 기대어 휴식을 취하는 순례자 조각상이 있다. 순례자들은 자연스럽게 산 마르코스 광장 한 쪽 끝에 있는 베르네스가 다리를 건너 레온 시가지를 빠져 나간다.

산 마르코스 광장 십자가 아래 순례자 상

20 릴리에고스에서 레온까지 | 175

21 레온 León에서
비야당고스 델 파라모 Villadangos del Páramo까지

라 비르헨 델 카미노 바실리카

레온 León — 라 비르헨 델 카미노 La Virgen del Camino 9km — 발베르데 데 라 비르헨 Valverde de la Virgen 5km — 산 미겔 델 카미노 San Miguel del Camino 1.5km — 비야당고스 델 파라모 Villadangos del Páramo 7.5km

총 23km

비야르 데 마사리페 Villar de Mazarife 14km

라 비르헨 델 카미노
La Virgen del Camino

이곳은 길 위의 성모 바실리카 Basílica de Nuestra Señora del Camino를 중심으로 형성된 마을이다. '라 비르헨 델 카미노'는 '길 위의 성모'라는 뜻이다.

전승에 의하면, 성모님은 1505년 목동 알바르 시몬 Alvar Simon에게 발현해, 주교를 찾아가 이곳에 성모상이 있는 성당을 지을 것을 청하라고 말했다. 그리고 알바르가 새총에 작은 돌을 넣고 쏘면, 주교와 함께 돌아왔을 때 그 돌이 커다란 바위가 되어 있을 것이며 그 자리가 바로 성당을 지을 곳이라고 했다. 몇 년이 지난 뒤, 교회는 이 일을 기념하고 목동에게 나타난 성모님을 '길 위의 성모 La Virgen del Camino'로 불렀

라 비르헨 델 카미노 바실리카 전면

다. '길 위의 성모'는 레온의 수호성인이 되었고 이웃 지역에까지 알려져 공경받았다.

성당 내부에 옛 성당에서 가져온 바로크 양식의 제단화가 있는데, 이 제단화 중앙에 이 '길 위의 성모'가 십자가에서 내려진 아들을 안고 있는 모습으로 표현되어 있다.

현재의 성당은 1961년 설계된 것으로 큰 사각형 구조에 콘크리트와 나무, 석재, 유리 등 다양한 재료가 조화를 이룬다. 특히 성당 전면을 장식하는 아르누보 양식의 열두 사도와 성모님의 조각상은 꽤 유명하다. 전면을 바라보고 왼편부터 마티아, 필립보, 마태오, 토마스, 산티아고, 요한, 성모님, 베드로, 안드레아, 바르톨로메오, 소 야고보, 타대오, 시몬 순으로 사도들은 모두 각각의 상징과 함께 표현돼있다. 호세 마리아 수비라치 José María Subirachs가 디자인한 이 브론즈 조형물은 6미터 높이에 700킬로그램이나 나간다. 성당의 문들을 장식하고 있는 여러 가지 상징이 표현된 조형물들도 그의 작품이다.

이 순례길의 성모 바실리카는 지역 성지순례의 중심지로 매년 10월 5일 로메리아(지역 단위로 열리는 성지순례)가 이곳에서 열린다.

라 비르헨 델 카미노에

바실리카 주제단에 있는 길 위의 성모상

발베르데 데 라 비르헨 산타 엔그라시아 성당

산 미겔 델 카미노 산 미겔 성당

서 푸엔테 데 오르비고까지 가는 방법은 두 가지이다. 하나는 N-120 도로 주변을 따라 걷는 길로 비야당고스 델 파라모를 경유하는 길이고 다른 하나는 비야르 데 마사리페Villar de Mazarife를 경유하는 길이다. 이 책에서는 비야당고스 델 파라모를 경유하는 길을 소개한다.

발베르데 데 라 비르헨
Valverde de la Virgen

라 비르헨 델 카미노에서 나와 N-120 도로 쪽으로 걸으면 처음으로 만나는 작은 마을이다. 종탑만 옛 것이고 새로 지은 산타 엔그라시아 성당Iglesia Parroquial de Santa Engracia이 있다. 산타 엔그라시아는 초대교회 때의 순교자이다.

산 미겔 델 카미노
San Miguel del Camino

역시 N-120 도로 변에 있는 마을로 이미 12세기에 산티아고 순례자들을 위한 숙소가 있었다고 한다. 산 미겔(성 미카엘) 성당Iglesia Parroquial de Arcángel San Miguel이 있다.

비야당고스 델 파라모
Villadangos del Páramo

로마제국이 이곳을 정복한 이후 중세기에는 전쟁이 끊이지 않았던 탓에 레온 평원에는 아무도 살지 않았다. 그러다가 9세기 말에 레온 왕이 정책적으로 이주민들을 정착시켰다.

17세기 말 혹은 18세기 초에 지어진 산티아고 성당Iglesia Parroquial de Santiago de Villadangos del Páramo이 있다. 2002년 오랫동안 황새둥지로 뒤덮여 있던 종탑을 새로 보수하면서 황새둥지를 제거하고 새가 둥지를 틀지 못하게 하는 방지장치들을 설치하였다.

성당 출입문에서 산티아고를 주제로 한 부조를 볼 수 있는데 16세

도움으로 클라비호 전투에서 승리한 이후 이 의무에서 해방되었다.

다른 길을 선택한 경우 비야르 데 마사리페를 지나게 된다.

비야르 데 마사리페
Villar de Mazarife

잘 가꾸어진 광장에 산티아고 성당Iglesia de Santiago이 있다. 높이 솟은 벽돌로 된 종탑과 성당 마당에 있는 순례자 모습을 한 20세기 산티아고 조각상이 눈에 띈다. 성당 내부에는 18세기 바로크 양식의 제단화가 있다.

비야당고스 델 파라모 산티아고 성당 전경(위)
성당 현관(중간)과 부조(아래)

기에 채색된 작품이다. 클라비호 전투와 백 명의 처녀를 공물로 바치는 내용이 묘사되어 있다. 이슬람의 지배 아래에서, 매년 백 명의 처녀들을 공물로 보내야 했는데 산티아고의

비야르 데 마사리페 산티아고 성당(위)
순례자 산티아고 상(아래)

22 비야당고스 델 파라모 Villadangos del Páramo에서 아스토르가 Astorga까지

아스토르가 시청사

비야당고스 델 파라모 Villadangos del Páramo
산 마르틴 델 카미노 San Martín del Camino 4.5km
푸엔테 데 오르비고 Puente de Órbigo 7km
산티바녜스 데 발데이글레시아스 Santibáñez de Valdeiglesias 5.5km
산토 토리비오의 십자가 Cruceiro de Santo Toribio 6.5km
산 후스토 데 라 베가 San Justo de la Vega 1.5km
아스토르가 Astorga 4km
총 29km

비야르 데 마사리페
Villar de Mazarife

산 마르틴 델 카미노
San Martín del Camino

N-120 도로를 중심으로 자리잡은 작은 마을로 산 마르틴(성 마르티노) 성당Iglesia de San Martín del Camino이 있다. 산 마르틴은 젊어서는 로마 군단의 군인이었고, 나중에는 투르의 주교가 되었다.

산 마르틴 델 카미노 산 마르틴 성당

마을 알베르게에 들어서니 일행으로 보이는 네 명의 순례자들이 먼저 와 있었다. 모두 30대로 보였는데, 바르셀로나에서 왔고 레온에서부터 걷고 있다고 했다. 하루종일 비가 온 뒤라 젖은 옷과 신발을 말리느라 자연스레 모두들 거실 장작난로 앞에 모여 앉았다. 내가 바르셀로나에 대해 아는 것은 축구선수 메시가 뛰는 팀이 그곳에 있다는 것이 전부라고 주섬주섬 이야기를 시작했더니 그들은 한국이 IT강국이라는 걸 알고 있다고 했다. 이런저런 이야기를 나누는데 창밖으로 희끗희끗 날리는 눈발이 보여, 눈이 온다고 했더니 그 친구들이 갑자기 카메라를 찾아 들고 밖으로 뛰쳐나갔다. 밖을 내다보니 그들은 눈을 맞으며 신나게 사진을 찍고 있었다. 나는 눈이 오는 것을 보고 내일 일정을 걱정하고 있는데 그들은 오히려 좋아하는 듯했다. 그들이 다시 들어오자 나는 내일 일정이 걱정이라고 말했다. 그들은 내 말에 동의하면서도 그들이 사는 곳에는 눈이 자주 오지 않아서 눈을 본 것은 아주 큰 행운이라고 말한다.

　같은 상황이 모두에게 같은 느낌과 같은 생각을 주진 않는다. 각자 처한 환경에 따라 전혀 다르게 반응할 수 있다. 순례길을 걸으며 만나는 다양한 나라의 사람들에게서 당연한 사실을 다시 한 번 깨닫게 된다. 한 나라를 여행하면서도 수많은 나라에서 온 다양한 사람들을 만날 수 있다는 것은 이 순례길의 또 다른 매력인지 모른다.

푸엔테 데 오르비고 다리

푸엔테 데 오르비고
Puente de Órbigo

　스페인을 통틀어 가장 길고 오래된 다리 중 하나이다. 이 지역에서 채굴한 광물을 로마로 수송하기 위해 원래 로마인들이 건축한 다리가 있었으나 현재의 다리는 13세기에 건축된 것이다. 그 후에도 여러 차례 증축되어 현재에 이른다. 커브와

푸엔테 데 오르비고 다리 중앙에 있는
돈 수에로 기념비(위)
다리와 가까운 곳에 있는 성모 성당(아래)

경사 그리고 19개의 서로 다른 아치들이 푸엔테 데 오르비고의 특징이다.

'명예의 통로 Passo Honroso'라고도 불리는 이 다리는 전해지는 이야기, 돈키호테의 모델 격인 레온 출신 기사 돈 수에로 데 키뇨네스 Don Suero de Quiñones의 결투 이야기 때문에 더 유명하다. 한 여인을 사랑하였으나 불행히도 그 여인의 사랑을 받지 못했던 15세기의 기사 돈 수에로는 스스로를 사랑의 감옥에 갇혔다고 생각하고 그 표시로 매주 목요일마다 목에 쇠고리를 걸었다. 그는 여인을 감동시키고 무거운 사랑의 굴레를 벗기 위해 옛 기사의 방식에 따라 창 시합을 하기로 결심하였다. 1434년 1월 돈 수에로는 왕 앞에서 오르비고 다리에서 창 시합을 벌여 300개의 창을 부러뜨리면 쇠고리를 벗겠다고 맹세했다.

돈 수에로 가문의 실제 기록에 따르면, 돈 수에로와 그의 동료들이 함께한 창 시합은 1434년 7월 10일 시작돼 약 한 달간 이어졌다. 서약한 대로 300개의 창을 꺾지는 못했으나 돈 수에로가 충분히 명예를 회복했다고 생각한 판관은 그의 목에서 쇠고리를 푸는 것을 허락했다. 시합 후 그는 그를 도왔던 이들과 함께 산티아고 데 콤포스텔라로 순례를 떠났다. 돈 수에로는, 실제로 24년 후에 '명예의 통로'에서 자신이 꺾었던 기사들 중 한 사람에 의해 세상을 떠났다.

다리를 건너다 왼쪽으로 내려다보면 나무로 만든 울타리가 길게 이어져 있는 것이 보인다. 이곳에서 매년 중세 때 있었던 마상 창 시합을 재연하는 축제가 열린다. 다리에서 길을 막고 창 시합을 했다는 돈 수에로의 이야기로부터 생겨난 마을 전통 축제로 지금도 이어지고 있다. 영화 같은 이야기지만 마을의 독특한 이야기를 마을의 문화축제로 만들어 이어가는 주민들의 노력이 인상적이다.

리오 강을 가로지르는 이 다리를 두고 두 마을 푸엔테 데 오르비고와 오스피탈 데 오르비고Hospital de Órbigo가 마주하고 있다. 예로부터 이 지역은 스페인의 북서부로 접근하는 데 매우 중요한 길목이었고 강둑에는 로마시대부터 마을이 자리 잡고 성장하였다. 오스피탈 데 오르비고라는 이름은 산 후안(성 요한) 수도회가 운영하던 순례자 숙소인 오스피탈이 있었기 때문이다. 마을 중심에 산 후안 바우티스타(성 요한 세례자) 성당Parroquia de San Juan Bautista이 있다.

푸엔테 데 오르비고 다리 옆 창시합장(위)
오스피탈 데 오르비고 순례자들(아래)

오스피탈 데 오르비고 산 후안 바우티스타 성당

오스피탈 데 오르비고에서 순례 길은 둘로 갈라진다. 하나는 N-120번 도로를 따라 이어지고, 다른 하나는 비야레스 데 오르비고 Villares de Órbigo와 산티바녜스 데 발데이글레시아스 Santibáñez de Valdeiglesias를 지나는 길이다. 두 길은 산토 토리비오의 십자가 직전에 다시 만난다.

산티바녜스 데 발데이글레시아스
Santibáñez de Valdeiglesias

20세기에 복원된 19세기 삼위일체 성당 Iglesia de la Trinidad이 있다. 두 개의 종이 있는 탑이 있고 성당 내부에는 산 로케와 산티아고 상이 있는 제단화가 있다.

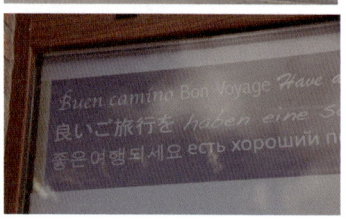

삼위일체 성당과 가까운 곳에 있는 순례자 숙소. 한글로 적힌 안내판도 보인다.

산토 토리비오의 십자가
Cruceiro de Santo Toribio

산 후스토 데 라 베가 San Justo de la Vega로 가는 길 언덕에 서있다. 5세기 아스토르가의 토리비오 주교가 이곳을 떠날 때 이 십자가가 세워진 곳에서 무릎을 꿇고 마지막 작별인사를 했다고 한다. 이 자리에서 아스토르가 시내는 물론이고 더 멀리 북서쪽 산맥들을 조망할 수 있다.

산티바녜스 데 발데이글레시아스 삼위일체 성당

산토 토리비오의 십자가

산토 토리비오의 십자가에서 언덕을 내려오면 있는 물을 마시는 순례자 상

아스토르가 산 바르톨로메 성당

산 후스토 데 라 베가
San Justo de la Vega

아스토르가에 인접한 도시로 로스 산토스 후스토 이 파스토르 성당 Iglesia de los Santos Justo y Pastor이 있다.

로스 산토스 후스토 이 파스토르 성당

아스토르가 Astorga

기원 전 19년 로마 제10군단의 병사들이 지금의 도시 중심부에 있는 작은 언덕에 정착한 데서 도시의 기원을 찾을 수 있으며 아스투리카 아우구스타 Asturica Augusta라는 이름으로 불렸다. 아스토르가는 금광 산업과 함께 발전하기 시작해 2개의 로마제국 도로, 즉 비아 트라하나 Via Trajana와 비아 데 라 플라타 Via de la Plata('은의 길'이라는 뜻)가 만나는 지역의 중심지로 자리잡았다. 기원 후 4세기경 성벽이 세워지면서 도시가 정비되었다.

5세기에는 서고트 왕 테오도르 Theodore에게 10세기에는 알만소르 Almansor에게 도시가 파괴되기도 했으나 10세기가 지나기 전 곧 안정을 찾고 초기 로마네스크 카테드랄의 복원 공사를 시작하였다. 로마시대의 도시 구조를 대신하여 거리도 새롭게 조성되었다. 시간이 흐른 후 현재의 카테드랄이 건축되었고 산타 클라라 수녀원과 산 프란시스코 수도원도 정착하였다. 그 결과 아스토르가는 10개의 수도원과 20여 개의 순례자 숙소가 있어 순례자들을 잘 보살피는 순례길의 도시로 알려졌다. 17세기에는 노새 운송을 이용한 주변 지역과의 교역, 직물과 제분

산 프란시스코 광장에 있는 순례자 동상

산 프란시스코 광장 옆에 있는 베라크루스 경당

산업, 초콜릿 제조업이 발달하였다.
 아스토르가 주변 지역은 특유의 전통과 문화, 건축양식을 가진 마라가토스 민족의 중심지이기도 하다.

 순례자들은 '태양의 문 거리'라는 뜻의 카예 푸에르타 솔Calle Puerta Sol을 따라 계곡 위에 성벽으로 둘러싸여 있는 도시 아스토르가로 들어간다. 산 프란시스코 광장Plaza San Francisco, 산 바르톨로메 광장Plaza San Bartolomé, 중앙광장Plaza Mayor, 산토 실데스 광장Plaza Santo Cildes, 오비스포 광장Plaza Obispo을 거쳐 카테드랄 광장Plaza de la Catedral에 이르면 현재 카미노 박물관으로 사용되는 주교의 궁전이 보인다. 그 옆에 아스토르가에서 가장 중요한 산타 마리아 카테드랄Catedral de Santa María이 서있다.

카테드랄 광장

카미노 박물관

카미노 박물관
Museo de los Caminos

 도시 성벽 위로 보이는 하얀색 화강암 건물로 19세기 말 스페인의 유명한 건축가 안토니 가우디Antoni Gaudí가 설계한 네오고딕 양식의 주교 궁전Palacio Episcopal이다. 현재는 흥미로운 산티아고 조각상들, 산티아고 순례길과 관련된 소장품들, 레온 출신 현대 미술가들의 작품을 전시하는 카미노 박물관으로 사용되고 있다.

카미노 박물관 내부

카미노 박물관에 있는 다양한 산티아고 상들

산 페드로와 산티아고

카미노 박물관 내부 경당   산 로케 상   산 블라스 상

산타 마리아 카테드랄

산타 마리아 카테드랄
Catedral de Santa María

고딕, 르네상스, 바로크, 신고전주의 등 다양한 건축양식이 조화를 이루는 건축물로 여러 세기에 걸친 건축과 예술의 전통, 역사를 반영한다. 현재의 카테드랄은 11-13세기에 있었던 르네상스 성당을 확장하며 15세기 말부터 증축된 것으로 공사는 18세기까지 이어졌다. 성당 전면에서 보이는 쌍둥이 탑은 저녁 해를 받으면 더욱 붉게 빛난다. 성당 정문에는 성경 내용이 표현된 부조들과 레온 지역 바로크 양식의 특징인 장식적인 둥근 기둥들이 있다.

내부에서는 가스파르 베세라 Gaspar Becerra가 제작한 주제단, 산티시모 경당 Capilla del Santísimo에 있는 12세기 비잔틴-로마네스크 양식의 성모자상 비르헨 데 라 마헤스타드

카테드랄 주제단과 산티아고 상

산타 마르타 성당(위)
산 후안 바우티스타 오피스탈(아래)

아스토르가 시청사 종탑에
마라가토 전통 복장을 한 인형이 서있다.

Virgen de la Majestad, 호두나무로 제작된 르네상스 고딕풍의 성가대석 등이 유명하다. 순례자 산티아고 상이 있는 경당도 있다.

카테드랄 광장 지역에는 이외에도 19세기 바로크와 아스토르가 지역에서 유행했던 양식이 어우러진 산타 마르타(성 마르타) 성당Iglesia Parroquial de Santa Marta, 산 후안 바우티스타(성 요한 세례자) 순례자 숙소Hospital de San Juan Bautista 등이 있다. 초콜릿 박물관도 있는데 아스토르가는 컵케이크와 초콜릿으로도 유명하다.

* 아스토르가와 마라가테리아

아스토르가는 마라가테리아('마라가토 인들의 땅'이라는 뜻)의 중심 도시로 아스토르가 인근은 마라가토 인들의 문화와 전통이 잘 보존되고 있는 지역이다. 4천여 명의 마라가토 인들이 아스토르가 주변 40여 개 마을에 흩어져 살고 있다고 한다.

8세기경 무어인들이 침입해올 때 함께 스페인으로 와서 이 지역에 정착한 베르베르Berber 족의 후손일 것으로 추정된다. 혹은 서고트 족의 왕인 '마우레가토'와 관계가 있을 것이라는 주장도 있다. 마라가토 인들은 신용이 좋기로 유명하며, 여인들이 비싼 보석으로 치장하는 풍습은 켈트 족의 전통에서 유래했다고 한다.

순례길에는 다양한 숙소가 있다. 전통적으로 옛 순례자 숙소나 구호시설을 오스피탈hospital이라고 불렀다. 이 오스피탈이란 말이 지금의 병원이란 단어의 어원이 되었지만, 몇몇 곳을 제외하고는 순례자들에게 간단한 치료나 숙소, 음식을 제공하는 구호소 정도로 보는 것이 맞을 것이다. 한 가지 특징은 이 순례자 숙소들 대부분이 경당과 함께 있었다는 것이다. 완전한 치유는 인간의 노력과 함께 하느님께 청하여 받을 수 있는 은총이 함께 있어야 가능하다는 당시 사람들의 인식을 알 수 있는 증거이다.

이른바 순례의 황금시기인 12-14세기에는 수십만의 순례자가 수백 킬로미터를 순례했다. 말이나 마차를 이용하는 이들도 있었지만, 대부분은 걸어서 순례를 했다. 가장 가난한 이의 모습으로 하느님께 나아가야 했기 때문이다.

순례자들이 걸었던 길에는 수많은 산과 광야 그리고 강이 있었다. 지금은 안전한 길이지만, 천 년 전에는 전혀 달랐다. 강도와 산짐승의 공격을 받기도 하고 험한 산길에서 다치거나 죽기도 했다. 강을 만나면 목숨을 걸고 강을 건너거나 멀리 돌아가야 했다. 많은 부상자와 도움이 필요한 순례자들이 계속 마을을 찾았다. 이들을 위해 각 마을의 성당과 수도회에서는 순례자 숙소를 지었다. 지역의 뜻있는 사람들이나 왕실에서도 순례자 숙소를 세우거나 후원하였다.

지금도 순례길에 있는 많은 성당들이나 행정기관들이 전통에 따라 오늘날의 순례자 숙소인 알베르게를 운영한다. 주로 숙소와 식사를 제공하는 알베르게는 스페인어로 저렴한 숙소를 말하는데, 행정기관이나 성당에서 운영하는 공립 알베르게와 개인이 운영하는 사립 알베르게로 구분할 수 있고, 순례길에 있는 대부분의 마을에서 운영되고 있다. 역시 대부분의 마을에는 오스탈hostal이라고 부르는 작은 여관도 있다. 보통 일층에는 바가 있고 그 위층에 방이 있다. 펜션이나 민박 같은 숙소들도 다양하게 운영되고 있으며, 큰 도시에는 호텔도 많이 있다.

많은 순례자들이 알베르게를 이용하고 가난한 몸과 마음을 유지하며 순례에 임한다. 그러나 무리한 계획으로 순례를 하면 건강을 해칠 수도 있으므로 각자 나이와 상황에 적합한 숙소를 선택할 것을 권한다. 자신에게 맞는 계획으로 몸과 마음이 모두 다 좋은 것들을 얻는 순례가 되도록 하는 지혜가 필요하다.

23 아스토르가 Astorga에서 라바날 델 카미노 Rabanal del Camino까지

산타 카탈리나 데 소모사로 들어가는 순례자

아스토르가 Astorga · 무리아스 데 레치발도 Murias de Rechivaldo 4km · 카스트리요 데 로스 폴바사레스 Castrillo de los Polvazares 4km · 산타 카탈리나 데 소모사 Santa Catalina de Somoza 2km · 엘 간소 El Ganso 5km · 라바날 델 카미노 Rabanal del Camino 7km

총 22km

아스토르가에서 얼마 벗어나지 않은 곳에 17세기 엑체 호모 경당 Ermita del Ecce Homo이 있다. 경당이 도로 옆에 있는 데다 한글을 포함한 세계 여러 나라 언어로 적혀 있는 표지석이 있어 눈에 띈다.

조금 더 가서 A-6 고속도로를 건

엑체 호모 경당

액체 호모 경당 한글 표어

무리아스 데 레치발도
산 에스테반 성당 입구 기둥의 성모상

너머 무리아스 데 레치발도 직전에 있는 작은 다리에서 길이 둘로 갈라진다. 하나는 차도를 따라 걷는 길이고, 다른 하나는 개울을 따라 폐허와 작은 숲이 있는 길이다. 이 두 길은 모두 카스트리요 데 로스 폴바사레스에서 다시 만난다.

무리아스 데 레치발도
Murias de Rechivaldo

고대 노새로 운송을 했던 노새몰이꾼 마라가토인들의 전형적인 마을로 큰 대문이 있는 돌로 지은 집들이 특징적이다. 18세기 종탑이 있는 산 에스테반(성 스테파노) 성당 Iglesia Parroquial de San Esteban이 있다. 출입문 위에 기둥의 성모상이 있다.

카스트리요 데 로스 폴바사레스 Castrillo de los Polvazares

자갈로 섬세하게 포장된 도로와 돌로 잘 짜맞추어 지어진 집들이 정감 있게 순례자를 맞이한다. 이 마을은 지역 관광지로도 유명해서 마

무리아스 데 레치발도 산 에스테반 성당

카스트리요 데 로스 폴바사레스
산 후안 바우티스타 성당

카스트리요 데 로스 폴바사레스 전경

을 공동 주차장도 운영하고 있다. 지역의 전통음식인 마라가토식 스튜 코시도 마라가토 Cocido Maragato가 유명하다. 산 후안 바우티스타(성 요한 세례자) 성당 Iglesia de San Juan Bautista이 있는데 두 개의 종이 있는 종탑에는 큰 황새둥지가 자리잡고 있다.

산타 카탈리나 데 소모사
Santa Catalina de Somoza

아스토르가 행정구역에 속하며 마라가테리아로 불리는 마라가토인들의 지역에 있는 아름다운 경관을 지닌 마을이다. 마을 중심에 높은 종탑을 가진 산타 마리아 성당 Iglesia Parroquial de Santa María이 있다. 원래는 알렉산드리아의 카탈리나 성녀에게 봉헌되었으나 후에 산타 마리아 성당으로 개명되었다. 내부에 마을 수호성인인 산 블라스(성 블라시오)의 유해가 모셔져 있다.

마을 이름에 있는 '카탈리나'는 이 마을 성당이 처음에 산타 카탈리나에게 봉헌되었던 데서 기원한다. '소모사'는 '산의 능선'을 의미하는 라틴어 'Sub Montia'에서 온 것으로 마을의 위치가 폰세바돈으로 가는 긴 능선에 자리잡고 있기 때문일 것이다.

산타 카탈리나 데 소모사 입구 전경

산타 카탈리나 데 소모사 산타 마리아 성당

엘 간소 인근

확실히 어느 새 주변 풍경이 바뀌어 있다는 게 느껴진다. 이제부터 보이는 모습은 조금은 황량한 광야를 닮아 있고 먼 곳에서는 산맥들이 달린다. 비가 오락가락하는 날씨에 멀리서 번개까지 치니 빨리 몸을 피할 곳이 필요했다. 서둘러 도착한 마을에서 '카우보이'라는 간판이 걸린 바를 발견했다. 겉도 속도 특별할 것은 없지만 색다른 이름 하나로 기억에 남는 마을이 엘 간소이다.

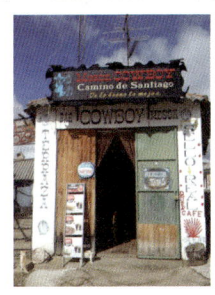
카우보이 바

엘 간소 El Ganso

중세 때부터 있었던 작은 마을로 마라가토인들의 마을이다. 1142년 이 마을에 수도원과 아스토르가 카테드랄에 소속된 순례자 숙소가 있었다고 한다. 산티아고 성당Iglesia Parroquial de Santiago이 있다.

라바날 델 카미노
Rabanal del Camino

엘 간소 산티아고 성당

라바날 델 카미노에 관한 최초의 자료는 8세기경 이곳에서 카를로 대제의 기사인 카르타고의 안세

이스와 사라센 공주 가우디세의 전설적인 결혼이 이루어졌다는 것이다. 11-12세기경, 라바날 델 카미노는 산티아고 순례의 활성화와 템플기사단의 존재라는 두 가지 요소에 힘입어 성장하였다.

레온 산맥의 입구에 있어 산을 넘기 전 이곳을 찾는 순례자들을 따뜻하게 접대하고 이 큰 산을 넘는 순례자들을 강도로부터 보호하기 위해 폰페라다에 본부를 둔 템플기사단의 전초기지가 이곳에 있었다.

엘 간소에서 라바날 델 카미노로 들어서는 도시 입구에 베라 크루스의 그리스도 경당Ermita del Bendito Cristo de la Vera Cruz이 있다. 18세기에 세워졌고 십자가에 달린 그리스도 상이 있다.

마을로 조금 더 들어가면 1733년에 지어진 산 호세(성 요셉) 경당 Ermita de San José이 있다. 2001년에 설립된 산 살바도르 델 몬테 이라고 수도원Monasterio de San Salvador del

라바날 델 카미노
베라 크루스의 그리스도 경당

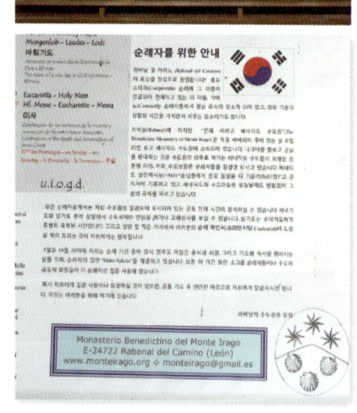

라바날 델 카미노 산 호세 경당과
경당 내부 입구에 있는 한글 안내문

Monte Irago이 12세기부터 이어온 마을의 전통에 따라 순례자들을 위한 전례를 매일 봉헌하고 있다. 경당 내부 주제단 중앙에 아기 예수를 안고 있는 성 요셉 상이 있다.

산 호세 경당에서 더 올라가면 성모 승천 성당Iglesia Parroquial de Nuestra Señora de la Asunción이 있다. 로마네스크 양식의 12세기 건축물로 템플 기사단이 세웠고, 17-18세기에 만들어진 종탑이 있다.

라바날 델 카미노 성모 승천 성당

라바날 델 카미노 마을 입구에 들어서자 잘 준비되어 있는 안내판이 보였다. 일자로 뻗은 길을 중심으로 성당과 상점, 숙소들이 표시된 길잡이인데, 이곳을 찾아온 손님들을 배려하는 주민들의 마음이 잘 느껴졌다. 이제 마을길은 산으로 오르는 듯하고 날씨까지 궂으니 이곳이 마치 세상 끝 마을처럼 느껴진다. 큰 산 밑이라 그런지 숙소마다 순례자들이 많이 모여 있다.

순례자 이외에도 어린 학생들이 선생님과 함께 이곳저곳을 다니고 있어서 물어보니 현장체험을 나온 학생들이다. 스페인은 보통 전체 수업의 3분의 1 정도를 현장학습으로 진행하는데 이렇게 산행을 하거나 박물관, 미술관 등을 다닌다고 한다. 땅 넓고 박물관, 미술관도 많으니 가능한 이야기인지 모르지만 이런 큰 산의 품속에서 하룻밤을 지낸 학생들은 그 큰 산을 그만큼 더 닮아갈 수 있을 것 같았다.

24. 라바날 델 카미노 Rabanal del Camino에서 폰페라다 Ponferrada까지

만하린 순례자 숙소

라바날 델 카미노 Rabanal del Camino — 폰세바돈 Foncebadón 5.5km — 만하린 Manjarín 4km — 엘 아세보 El Acebo 7km — 리에고 데 앙브로스 Riego de Ambrós 3.5km — 몰리나세카 Molinaseca 6km — 폰페라다 Ponferrada 8km

총 34km

    오늘은 아침을 든든하게 먹는 게 좋겠다. 오늘 순례길은 큰 산을 넘는 일정이기 때문이다. 안내서에는 산티아고 순례길을 통틀어 가장 높은 구간이라고 씌어 있다. 당연히 큰 마을도 없고, 구간도 짧지 않다. 그저 든든히 먹고 출발하는 것이 최선의 요령이다.

    스페인의 식사 문화는 우리와 많이 다르다. 흔히 스페인 사람들은 하루에 다섯 끼를 먹는다고 말한다. 아침, 점심, 저녁 세 끼를 먹고 아침과 점심 사이 그리고 점심과 저녁 사이에 간식을 먹는다. 데사유노Desayuno라고 하는 아침식사는 대개 7시나 8시경에 먹는다. 아침과 점심 사이에는 보통 간단하게 바케트처럼 보이는 빵 안에 스페인 햄인 하몽이나 토르티야를 넣은 스페인 샌드위치인 보카디요나 타파스를 먹는다. 알무에르소Almuerzo는 보통 오후 2–4시에 하는 점심식사이다. 따라서 점심식사를 할 수 있는 레스토란테는 일러야 1시 이후에 문을 연다. 대개 전식과 본식 그리고 디저트가 기본으로, 와인과 함께 충분히 먹는다. 점심과 저녁 사이 간식은 6시경에 타파스 등으로 간단히 먹는다. 세나Cena는 저녁식사로 이르면 8시, 보통은 9시 이후에 한다. 점심식사 후 문을 닫았던 레스토란테는 이 시간에 맞춰 다시 문을 연다. 단, 다양한 간식이 있는 바Bar는 시간 구별 없이 문을 연다.

산티아고 순례길을 걷다보면 더운 날씨 때문에 새벽에 길을 나서게 된다. 아침 출발을 서둘기 위해서는 저녁에 일찍 자야 하는데 8시나 9시부터 시작하는 스페인 저녁식사 시간은 아무래도 부담스럽다. 또 정식 식사는 양도 많고 비용도 비싸며 시간도 오래 걸리니 여러 모로 쉽지 않다.

이런 우리의 고민을 더는 방법은 스페인 사람들의 간식인 '타파스tapas'를 잘 활용하는 것이다. 타파스는 단순하게 말하면 에피타이저의 일종이다. 우리나라 사람들의 눈에는 간단한 맥주 안주처럼 보이기도 한다. 바에서 먹을 수 있는데 보통 일인용 작은 접시에 담겨 있거나 큰 접시에 일인분씩 나누어 이쑤시개와 비슷한 나무꼬치인 핀초pincho 등으로 고정되어 있다. 이 핀초의 숫자로 먹은 양을 계산하기도 한다. 작은 케이크도 있고, 빵 한 조각 위에 하몽이나 가지 요리, 올리브 등이 올라가기도 하며 오징어나 새우 튀김 등 종류도 다양하다.

타파스라는 말의 어원이 재미있는데, tapa는 스페인어로 뚜껑, 덮개란 뜻이고 안주를 말할 때도 쓴다. 일설에 의하면 포도주 등이 음료에 벌레나 먼지 등이 빠지는 것을 방지하기 위해 빵이나 과자 또는 치즈나 햄 조각을 얇게 썰어 잔을 덮었던 것에서 유래되었다고 한다.

맛있는 나라 스페인에 갔으니 때로는 레스토란테에서 정찬을 즐기고, 때로는 슈페르메르카도라 불리는 슈퍼마켓에서 간단하게 요기하고, 그리고 때로는 숙소 옆의 바에서 다양하고 색다른 맛의 타파스로 스페인의 음식 전통을 체험한다면 이 또한 순례길에서 얻는 좋은 추억이 될 수 있다.

폰세바돈 Foncebadón

이라고 산의 능선에 위치한 마을로 지리적으로 보면 마라가테리아의 마지막 마을이며 이곳을 지나면 엘 비에르소 지역에 들어가게 된다.

10세기 레온의 라미로 2세는 이곳 폰세바돈에서 종교회의를 열었고, 11-12세기에 프랑스 출신의 은수자 가우셀모Gaucelmo는 이곳에 순례자 숙소와 성당을 세웠다. 그는 산토 도밍고 데 라 칼사다와 동시대 인물로 험한 산을 넘느라 힘들어하는 순례자들을 위해 봉사하였다. 가우셀모는 십자가들을 사용하여 자신이 운영하는 순례자 숙소가 있는 지역을 표시하여 순례자들이 길을 잃지 않도록 도와주었으며 1103년 알폰소 6세는 가우셀모의 이러한 활동을 지원하기 위해 그에게 지역관할권을 주었다.

중세 때에는 이곳에 세 개의 순례자 숙소가 있었다고 전해지나, 중세 이후 산티아고 순례의 열기가 식고 19세기에 도로와 철도가 건설되어 이 마을을 통과하는 순례자가 줄자, 1960년도 이후부터 1990년까지 마을 주민들이 대부분 인근 도시로 이주하였다.

최근 들어 산티아고 순례자가 다시 늘어나면서 마을의 건물들이 보수되고 마을의 활기도 다시 살아나고 있다.

철 십자가 Cruz de Ferro

폰세바돈에서 언덕을 더 오르면 비교적 넓은 정상부에 도달한다. 원형 돌무더기에 있는 5미터 높이의 기둥 위에 철 십자가가 서있다. 순례길에서 중요한 기념물 중 하나로 1632년에 쓰인 소설에도 등장하는 것으로 보아 아주 오래 전부터 이곳에 있었던 것으로 보인다. 원래 이곳은 마라가테리아와 엘 비에르소, 두 행정구역의 경계 지점으로 알려졌었다. (실제로는 엘 비에르소는 더 가서 시작된다.) 그래서 이곳에 경계를 표시하는 기둥을 세웠는데 이 길을 오가는 사람들이 무언가를 기원하면서 이 주변에 돌을 쌓은 것

폰세바돈 마을 전경(위)
순례자 숙소 한글 광고(아래)

철 십자가

으로 보인다. 은수자 가우셀모가 이 기둥 위에 십자가를 얹었다고 전해진다. 철 십자가 옆에는 가톨릭 성년을 기념해서 지은 산티아고 경당 Ermita de Santiago이 있다.

엘 비에르소El Bierzo는 스페인 레온 주의 서부에 위치한 행정구역으로 '비에르소Bierzo'라는 말은 이 지역에서 생산되는 아마포를 뜻한다. 대서양과 지중해 연안의 대륙성 기후가 만나 기후가 온화하고 광공업, 철광 산업, 지역에서 생산되는 과일과 채소로 만든 식품제조업이 경제의 중심이며 와인이 유명하다.

만하린Manjarín

철 십자가 옆 산티아고 경당

이라고 산의 철 십자가에서 갈리시아 방향으로 순례길을 따라 내려가다 보면 여러 도시까지의 거리를 적은 표지판들이 서있는 곳이 나온다. 때로는 몇몇 나라의 국기가 걸려 있을 때도 있다. 오래 전부터 이곳에 순례자 숙소가 있었으나 한동안 폐허로 남아 있다가, 다행히 1993년부터 뜻있는 봉사자들이 모여 알베르게를 열어 운영하고 있다.

엘 아세보 El Acebo

오래 전부터 순례자들을 위한 숙소가 있었던 곳이다. 해발이 높은 곳이라 겨울에 눈이 쌓이면 폰세바돈에서 이곳까지의 길이 사라지곤 했는데 그 길에 400여 개의 말뚝을 박아 순례자들을 안내했다고 한다. 산 로케 경당 Ermita de San Roque과 산 미겔(성 미카엘) 성당 Iglesia de San Miguel이 있다.

엘 아세보 산 로케 경당(위)
엘 아세보 산 미겔 성당(아래)

엘 아세보 마을

리에고 데 암브로스 산타 막달레나 성당

몰리나세카 퀸타 안구스티아 성모 경당

리에고 데 암브로스
Riego de Ambrós

아주 작은 마을로 12세기에 순례자 숙소가 있었다고 전해진다. 16세기에 세워진 산타 막달레나 성당Iglesia de Santa María Magdalena이 있다.

몰리나세카 Molinaseca

마을 곁을 흐르는 메루엘로 강Río Meruelo의 물레방아Molinos에서 마을의 이름이 유래한다. 마을로 들어가는 로마네스크 다리 직전에 바로크 양식의 퀸타 안구스티아의 성모 경당Ermita de Nuestra Señora de la Quinta Angustia이 있다. 다리를 건너 마을로 들어가면 17-18세기에 로마네스크 양식으로 재건된 바리의 산 니콜라스(성 니콜라오) 성당Iglesia Parroquial de San Nicolás de Bari이 있다.

몰리나세카 마을 전경과 바리의 산 니콜라스 성당

라 엔시나의 성모 바실리카
Basílica de Nuestra Señora de la Encina

템플기사단의 성채
Castillo de los Templarios

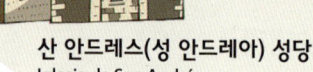

여왕의 병원
Hospital de la Reina

산 안드레스(성 안드레아) 성당
Iglesia de San Andrés

마스카론 다리
Puente Mascarón

폰페라다 전경

폰페라다 Ponferrada

비에르소 지역의 수도로 산티아고 순례길의 중요한 숙박지이다. 도시 이름인 폰페라다(라틴어로 Pons Ferrata)는 '철 다리'란 뜻으로 도시를 빠져나가는 통로인 철로 장식된 다리에서 유래한다. 아스토르가의 주교였던 오스문도Osmundo는 12세기에 순례자들이 강을 건너는 것을 돕기 위해 철로 장식된 이 다리를 건설하게 하였다.

폰페라다에는 동회 속에나 나음직한 큰 성채가 거의 원형대로 시내 한 가운데에 남아 있다. 1178년 레온 왕 페르난도 2세의 명으로 이 도시를 보호했던 템플기사단의 성채이다. 1차 십자군 전쟁으로 그리스도교 군주들은 예루살렘을 점령했지만 유럽에서 예루살렘을 오가는 길에는 아직도 많은 위험이 도사리고 있었다. 이 길을 오가는 사람들을 보호하기 위해 기사단이 결성되었고, 그 본부가 예루살렘의 옛 성전 자리에 있었기에 그 이름이 템플(성전)기사단이 되었다. 템플기사단은 예루살렘 이외에도 이곳저곳 중요한 도시에 주둔지를 마련했는데, 이곳 폰페라다도 그 중의 한곳이었다. 템플기사단 성이 있는 구시가지에 역사적인 유적지가 밀집되어 있다.

마스카론 다리 Puente Mascarón

몰리나세카를 지나오는 순례자가 폰페라다에 들어가려면 보에사Boeza

폰페라다 입구 마스카론 다리

강을 건너야 한다. 초기에는 작은 배로 강을 건넜다고 하나 마스카론Mascarón 다리가 건설되고부터는 그럴 필요가 없어졌다. 지금은 그 옆에 현대적인 다리도 놓여 있다.

왕비의 병원

여왕의 병원 Hospital de la Reina

마스카론 다리를 건너 구시가지로 들어오는 길에 순례자 숙소들이 있다. 이 중 가장 유명한 곳인 오스피탈 데 라 레이나는 이사벨 여왕의 후원으로 설립되어 여왕을 의미하는 '레이나Reina'라는 단어가 이름에 포함되었다. 현재는 병원으로 운영되면서 보호와 도움이 필요한 이들을 위한 임무를 이어가고 있다.

산 안드레스(성 안드레아) 성당
Iglesia de San Andrés

여왕의 병원을 지나 구 시가지로 가는 길에 있다. 성당의 외형은 17세기 바로크 양식이지만 그 기원은 중세로 거슬러 올라간다. 라틴 십자가 형태의 성당으로, 내부에 템플기사단의 성에 있는 경당에서 가져온 '카스티요의 그리스도 상'이 있다.

산 안드레스 성당과
성당 내부 카스티요의 그리스도 상

템플기사단의 성채
Castillo de los Templarios

중세 템플기사단의 사령부로, 이곳을 지나는 산티아고 순례자들을 보호하기 위해 12세기에 옛 로마제국의 요새를 증축하여 이곳에 정착하였다. 이를 계기로 도시에는 더 많은 이들이 들어오게 되었고 도시는 상업적 발전을 이루었다. 그러나 1312년 템플기사단은 해산되었기에 그들이 이곳에 머문 기간은 그리

텝플기사단의 성채

오래지 않았다. 성채는 15-16세기에 여러 차례 확장되었으며, 1848년부터 20세기 초반까지 대규모 복원 작업이 진행되어 현재의 모습이 되었다. 현재는 국가 유적으로 지정되어서 박물관으로 쓰이고 있다.

라 엔시나의 성모 바실리카
Basílica de Nuestra Señora de la Encina

16-17세기에 건축된 바실리카로 엘 비에르소의 수호성인인 '라 엔시나의 성모'(라 엔시나는 '상수리나무'를 뜻함)로 유명하다. 엘 비에르소 지역에서 매우 소중한 보물인 이 성모상은 무어인들이 침략했을 때 신성모독으로부터 보호하기 위해 어딘가에 숨겨졌다. 후에 템플기사단이 속이 텅 빈 상수리나무 속에서 이 성모상을 발견하였고 성모상은 지금까지도 도시의 수호자로 공경받고 있다. 17세기 주제단화에서는 마테오 데 프라도 Mateo de Prado의 조각품들을 볼 수 있다.

라 엔시나의 성모 바실리카(위)
라 엔시나의 성모상(아래)

25 폰페라다 Ponferrada에서 비야프랑카 델 비에르소 Villafranca del Bierzo까지

비야프랑카 델 비에르소 물의 거리

폰페라다 — 콤포스티야 3.5km — 콜룸브리아노스 2km — 푸엔테스 누에바스 3km — 캄포나라야 2km — 카카벨로스 5km — 피에로스 2km — 비야프랑카 델 비에르소 5km
Ponferrada / Compostilla / Columbrianos / Fuentes Nuevas / Camponaraya / Cacabelos / Pieros / Villafranca del Bierzo

총 22.5km

    폰페라다는 예상보다 훨씬 더 큰 도시였다. 구시가지는 크지 않지만 꽤 멀리까지 도시가 뻗어 있다. 대형 쇼핑몰을 갖춘 현대적 도시로 각 지역으로 통하는 철도가 놓여 있는 교통의 요지이기도 하다. 폰페라다를 벗어난 후 계속해서 작은 마을들이 이어져 있어 한동안은 주로 마을길을 걸어가게 된다.

콤포스티야 산타 마리아 성당

콜룸브리아노스 산 블라스와 산 로케 경당

콤포스티야 Compostilla

폰페라다와 거의 붙어 있는 마을로 순례길이 산타 마리아 성당 Parroquia de Santa María 옆으로 지나간다.

콜룸브리아노스 Columbrianos

비에르소 지역의 마을로 마을 동쪽에 같은 이름의 켈트 성채가 있는 것으로 미루어 기원전 700년경부터 정착민이 있었던 것으로 추정된다. 평화로웠던 콜룸브리아노스는 실Sil강 유역을 지나는 로마 도로 비아 안티쿠아가 지나가는 길목이 되었다.

마을 입구 언덕에 18세기 산 에스테반(성 스테파노) 성당 Iglesia de San Esteban이 있다. 첨탑은 번개로 붕괴되었다가 1948년에 재건축되었다. 성당 내부에 있는 산 블라스 경당에는 '상수리나무의 성모' 바로크 부조가 있다. 마을 끝 갈림길에, 순례자의 모습이 외벽에 그려진 산 블라스와 산 로케 경당 Ermita de San Blas y San Roque이 있다.

콜룸브리아노스 산 에스테반 성당

푸엔테스 누에바스
Fuentes Nuevas

중세부터 있었던 마을로 1662년 진흙과 돌로 지은 베라 크루스 경당Ermita de la Vera Cruz이 있었으나 완전히 붕괴되었다. 그 위에 다시 지은 것이 현재의 신성한 그리스도 경당Ermita del Divino Cristo인데 종탑은 옛 경당과 매우 비슷하게 지었다고 한다. 순례길을 따라가면 성모 승천 성당Iglesia de Nuestra Señora de la Asunción도 지나간다.

캄포나라야 Camponaraya

로마시대 이전의 흔적이 남아 있다. 9-12세기에 걸쳐 현재의 마을 중심에 주민들이 정착하였다. 11-12세기 산티아고 순례가 활발해지면서 마을이 발전했고 2개의 순례자 숙소도 있었다. 이 시기에 이 마을과 사모스의 산 훌리안 수도원이 긴밀하게 연결되었던 것으로 추정된다.

벽돌로 만든 높은 종탑이 특징인 산 일데폰소 성당Iglesia de San Ildefonso은 현대적인 구조로 20세기에 지어졌다. 마을의 끝에 네오고딕 양식의 솔레다드 경당Capilla de la Soledad이 있다.

경당에서 조금 더 가서 자동차 도로를 벗어나 공장처럼 보이는 포도주 협동조합 앞길로 가면 A-6 고속도로를 건너는 육교가 나타난다. 이 육교를 지나면 주변이 온통 포도

푸엔테스 누에바스 신성한 그리스도 경당(위)
푸엔테스 누에바스 성모 승천 성당(아래)

캄포나라야 산 일데폰소 성당

캄포나라야 솔레다드 경당

밭이고 개울이 흐르는 숲을 지난다. 다시 만나는 LE-713 자동차 도로를 건너서 카카벨로스로 들어간다.

카카벨로스 Cacabelos

구석기 시대부터 사람들이 살았던 흔적이 있는데 이곳을 관통하는 쿠아Cúa 강 유역에 많은 유물들이 발굴된 카스트로 벤토사Castro Ventosa가 있다. 5세기에는 이곳에 서고트 족이 정착해 살았으며 8세기 초에는 무슬림이 침략했다.

1108년 산티아고의 대주교인 디에고 헬미레스Diego Gelmírez는 이 작은 마을을 복구하고 성당을 세웠다. 그러나 이 마을이 아스토르가 교구에 속해 있었기에 이 마을의 복구는 아스토르가 주교와의 논쟁을 불러일으켰다. 1138년 이 논쟁은 알폰소 7세가 이곳을 산티아고 대주교의 소관으로 넘긴 것으로 끝이 났다. 카카벨로스는 중세에도 계속 발전하여 여러 개의 성당과 순례자 숙소가 세워졌고 산티아고 순례길에서 중요한 마을이 되었다.

산 로케 경당
Capilla de San Roque

카카벨로스에 들어와 순례길에서 제일 먼저 만나는 경당이다. 원래 환자들을 치료하고 돌보던 산 나사로 성당Iglesia de San Lázaro이 도시 성벽 밖에 있었는데 그 성당이 있던 곳 근처에 세워진 돌로 된 작은 경당이다.

카카벨로스 산 로케 경당과 경당 주제단화에 있는 산 로케 상

산타 마리아 데 라 플라사 성당 내부에 모셔진 성모상. 정문 위에도 똑같은 성모상이 있다.

라 퀸타 안구스티아 성당
Santuario de la Quinta Angustia

 순례길은 쿠아^{Cúa} 강을 건너서 이어진다. 다리 건너 멀지 않은 곳에 18세기에 지어진 라 퀸타 안구스티아 성당이 있다. 옛 순례자 숙소 자리에 세워졌는데 현재도 알베르게가 운영되고 있다. 내부에는 바로크 양식의 파두아의 산 안토니오(파도바의 성 안토니오)San Antonio de Padua와 아기 예수 상이 있다.

카카벨로스 산타 마리아 데 라 플라사 성당

산타 마리아 데 라 플라사 성당
Iglesia de Santa María de la Plaza

 산 로케 경당을 지나 계속 가면 시내 중심에서 산타 마리아 데 라 플라사 성당을 만난다. 산티아고 데 콤포스텔라의 대주교 디에고 헬미레스가 카카벨로스를 재건하고 지은 성당으로 현재 성당의 대부분은 16세기에 재건축된 것이다.

카카벨로스 라 퀸타 안구스티아 성당

피에로스 산 마르틴 성당

피에로스 Pieros

11세기 로마네스크 양식으로 지어진 투르의 산 마르틴(성 마르티노) 성당Iglesia de San Martín de Tours이 있다.

비야프랑카 델 비에르소
Villafranca del Bierzo

한 마디로 평화로운 작은 도시다. 포도밭 사이로 걸어가다 보면 도시 입구가 나오는데 거기서 내려다보면 도시가 마치 숲속에 묻혀 있는 것처럼 보인다. 그러나 막상 가보면 여러 개의 대형 성당과 수도원이 있고 외곽에는 현대적인 국영호텔도 있는 지역의 중심도시이다. 일찍부터 프랑스 순례자들이 정착해 '프랑스인 마을'이라는 의미의 비야프랑카와 원래 이 지역의 이름인 비에르소가 합쳐져 현재의 도시 이름이 되었다.

791년에는 도시 인근 부르비아 Burbia 강 근처에서 무슬림과 그리스도 군대의 전투가 벌어졌으며, 813년 산티아고의 무덤이 발견되고 콤포스텔라로의 순례가 시작되면서, 비야프랑카는 발카르세 계곡을 지나기 전 전진기지가 되었다. 곧 부르비아 강에도 다리가 놓여졌다. 1196년 알폰소 9세는 이 도시에 자치권을 부여하였고 비야프랑카는 산티아고 순례길의 중심도시로 크게 성장하였다. 순

비야프랑카 델 비에르소 도심

비야프랑카 델 비에르소
Villafranca del Bierzo

산타 마리아 콜레히아타 성당
Colegiata de Santa María

물의 거리
Calle del Agua

산 니콜라스(성 니콜라오)
엘 레알 수도회 성당
Convento de San Nicolás el Real

산 프란시스코(성 프란치스코) 성당
Iglesia de San Francisco

마르케세스 성채
Castillo de los Marqueses
de Villafranca

산티아고 성당
Iglesia de Santiago

례자들을 위한 숙소들도 여럿 세워졌는데 약국을 겸한 산티아고 오스피탈, 물의 거리에 있었던 산 후안 오스피탈 등이다.

14–15세기를 지나면서 장인이나 상인과 같은 중산 계급이 대두되자 도시에 새로운 바람이 불어오기 시작했고 16–17세기에는 성채와 산 니콜라스(성 니콜라오) 성당을 비롯한 여러 성당과 수도원이 건축되었다.

산티아고 성당 Iglesia de Santiago

1186년 아스토르가의 주교가 교황청으로부터 이곳에 성당을 지을 수 있게 허가를 받은 데서 그 기원을 찾을 수 있다. 이 성당은 로마네스크 초기의 석재 건축물로 1189년에 완성되었다. 주랑이 있고 슬픔의 성모상이 있는 18세기 바로크 경당이 있다.

이 산티아고 성당의 북쪽 전면에 있는 문인, '자비의 문' 즉, '푸에르타 델 페르돈'Puerta del Perdón은 특별하다. 병이 나서 산티아고 데 콤포스텔라까지의 순례를 마치지 못한 순례자들은 이 문을 통과함으로써, 산티아고 데 콤포스텔라까지 순례한 이들이 받는 전대사(세상을 떠난 후 이 세상에서 지은 죄에 대한 대가로 받을 벌을 면제받는 특권)를 받을 수 있었기 때문이다. 이런 이유로 비야프랑카 델 비에르소는 '또 하나의 산티아고'라고 불리기도 하였다.

산티아고 성당 전경과 자비의 문

마르케세스 성채
Castillo de los Marqueses de Villafranca

16세기 세워진 건물로 큰 사각형 구조이다. 네 모퉁이에 각각 큰 둥근 탑이 서 있고 중앙의 정원 주변으로는 화려한 방들이 있다. 귀족들의 주거지로 사용되었다.

마르케세스 성채

산 프란시스코 성당

산 니콜라스 엘 레알 수도회 성당 내부

산 프란시스코(성 프란치스코) 성당 Iglesia de San Francisco

원래는 물의 거리 근처에 있었으나 1285년에 현재의 위치로 옮겨졌다. 15세기에 고딕 양식으로 개축되었다. 17세기 대형 바로크 제단이 있다. 아시시의 성 프란치스코가 산티아고로 순례를 가는 중에 지나간 기억이 이곳에 살아있다. 프란치스코 수도원의 일부였던 이 성당만 남았다.

산 니콜라스 엘 레알 수도회 성당 Convento de San Nicolás el Real

17세기 예수회 신학교로 지어졌으며 성당 안에는 바로크 양식의 제단화가 있다.

산타 마리아 콜레히아타 성당 Colegiata de Santa María

11세기에 있었던 프랑스 클루니 수도원이 있던 자리에 16세기 초에 지어지기 시작해 18세기까지 공사가 이어졌다. 르네상스와 바로크 요소들이 더해진 후기 고딕 양식이다. 주랑을 중심으로 양 옆에 측랑이 있는 형태로 18세기 후반 로코코 양식

산 니콜라스 엘 레알 수도회 성당

산타 마리아 콜레히아타 성당

의 성가대와 르네상스와 바로크 경당들이 있다.

물의 거리 Calle del Agua

순례길이 지나가는 옛 거리로 마치 시간이 멈춘 것 같은 풍경이다. 중세에는 귀족들의 저택이 있는 거리였으나 17-18세기에는 쇼핑과 수공예품의 중심 거리가 되었다고 한다. 고개를 들어 위를 쳐다보면 발코니들과 벽들이 저마다 잘 조각된 방패들로 장식되어 있는데 비야프랑카의 귀족 가문 문장들이다. 순례자들은 이 거리를 따라서 발카르세 계곡으로 접어든다.

물의 거리 귀족 가문 문장

산티아고 순례길에서는 생각보다 많은 프랑스의 흔적을 만난다. 순례길이 만들어진 시기 스페인 땅은 모든 면에서 이슬람의 영향을 크게 받고 있었다. 정치적으로는 점차 그리스도교를 회복했지만 이슬람 세력은 여전히 큰 영향력을 행사하고 있었다. 그리스도교 국가로 다시 나아가고자 했던 스페인 사람들에게 피레네 산맥 너머의 강력한 그리스도교 국가인 프랑스는 그들의 교과서가 되었을 것이다. 산티아고 순례길은 바로 그 프랑스의 교과서들이 유입되는 통로 역할을 하였다. 순례길을 따라서 많은 프랑스인들이 순례를 왔고, 그 중 일부는 스페인에 정착하였다. 스페인 왕국의 왕들은 프랑스 문화를 본받아 나라를 재건하고자 했기에 프랑스에서 온 정착민들이 프랑스에서 살던 방식대로 살도록 자치권을 주었다.

오늘도 산티아고 순례길의 마을과 문화에서 프랑스의 영향을 찾는 것은 어렵지 않다. 순례길에서 프랑스의 거리 이름인 루아^{rua}를 발견하게 되는 것도 그렇고 프랑스에서 모셔온 성인상이나 성모상이 많은 것도 그 증거이다. 프랑스 이주민들은 그들이 공경했던 성인상이나 성모상을 모셔와 새 정착지의 수호성인으로 계속 공경하며 새로운 환경의 어려움을 이겨냈던 것이다.

26 비야프랑카 델 비에르소 Villafranca del Bierzo에서 오 세브레이로 O Cebreiro까지

우리나라의 초가집과 비슷한 갈리시아 지방의 전통가옥 파요사스

비야프랑카 델 비에르소 Villafranca del Bierzo — 트라바델로 Trabadelo 11km — 루이텔란 Luitelán 9km — 라 화바 La Faba 5km — 오 세브레이로 O Cebreiro 5km

총 30km

　순례자들은 '물의 거리' 카예 델 아구아 Calle del Agua를 통해 비야프랑카 델 비에르소를 가로질러 부르비아 강을 건넌다. 이곳에서 순례길은 세 갈래로 나뉜다. 첫 번째는 프라델라 Pradela 경로이고, 두 번째는 발카르세 Valcarce 강 옆의 주 도로 N-VI를 따라가는 길이다. 그리고 세 번째는 드라곤테 Dragonte로 가는 길이다. 여기서는 주 도로를 따라가는 두 번째 길을 소개한다.

순례길은 가파르고 깊은 발카르세 강의 계곡을 관통한다. 발카르세는 '감옥 계곡'을 뜻한다. 순례자들에게도 또 현지 주민들에게도 좁은 벽으로 둘러싸여 갇힌 듯한 느낌을 주기 때문이다. 그래서 아주 오래 전부터 이곳을 지나는 상인들이나 여행자들은 두려움을 안고 이 계곡 길을 지나가곤 했다. 한밤은 말할 것도 없고, 낮이라도 이곳에 해가 드는 시간은 길지 않았다. 궂은 날이면 대낮에도 강도와 산짐승을 만날 위험이 항상 도사리고 있었다. 이 때문에 이 지역에는 로마시대부터 요새화된 초소가 세워졌고 이 길을 지나는 이들을 안전하게 보호하려는 노력이 중세까지도 지속되어 왔다.

트라바델로의 산 니콜라스 성당

* 발카르세 계곡의 마을들

비야프랑카 델 비에르소를 지나서 발카르세 계곡에 페레헤Pereje와 트라바델로Trabadelo가 있다. 여기서 순례길의 다른 루트 중 하나인 프라델라 루트와 만난다. 트라바텔로에 들어서 카예 이글레시아Calle Iglesia라는 이정표가 붙어 있는 골목을 따라 올라가면 산 니콜라스(성 니콜라오) 성당Iglesia de San Nicolás이 있다.

발카르세 계곡의 대형 휴게소

트라바델로에서 나와 조금 더 가면 트럭과 버스들이 쉬어갈 수 있는 대형 휴게소와 호텔이 보인다. 이 휴게소를 지나자마자 왼편으로 마을이 하나 나오는데 라 포르텔라La Portela이다. 마을 입구에서 멀지 않은 곳에서 직사각형의 아담한 산 후안 바우티스타(성 요한 세례자) 성당Iglesia de San Juan Bautista이 순례자를 맞이한다.

이어서 나오는 마을 암바스메스타스Ambasmestas에 라 포르텔라의 성당과 비슷한 카르멘의 성모 성당 Iglesia de Nuestra Señora del Carmen이 있다. 다음 마을 베가 데 발카르세 Vega de Valcarce에는 산타 마리아 막달레나 성당Parroquia de Santa María Magdalena이 있다.

라 포르텔라 산 후안 바우티스타 성당

암바스메스타스 카르멘의 성모 성당

베가 데 발카르세 산타 마리아 막달레나 성당

베가 데 발카르세
산타 마리아 막달레나 성당 산티아고 상

라스 에레리아스 성당

루이텔란 산 프로일란 성당 전경과 내부

루이텔란 Ruitelán

레온의 주교 산 프로일란San Froilán이 자신의 당나귀를 잡아먹은 이리에게 강제로 자신의 말안장과 짐을 지고 가게 했다는 전설이 내려온다. 길가에 아담한 산 프로일란 성당Iglesia de San Froilán이 있다.

루이텔란을 지난 순례자는 이제까지 걸어왔던 N-VI도로 왼편으로 나 있는 라스 에레리아스Las Herrerías로 가는 마을길 CV-125로 접어든다.

라스 에레리아스
Las Herrerías

비야프랑카 델 비에르소를 떠날 때 N-VI도로 왼편 길이었던 드라곤테를 경유하는 길과 이 마을에서 만나게 된다. 12세기 이전에 이미 대장간이 있었던 것으로 전해진다.

라 화바 La Faba

라스 에레리아스를 지나면서 길은 점점 깊은 산속으로 이어지고 힘겨운 오르막을 올라서 도착하는 작은 마을이 라 화바La Faba이다.

라 화바 마을 수돗가에서 목을 축이던 순례자들

라 화바에서 우측으로 난 길을 따라 계속가면 카스티야 이 레온 자치지역 레온 주의 마지막 마을인 라구나 데 카스티야Laguna de Castilla가 나온다. 산길을 더 오르면 순례자는 카스티야 이 레온 자치지역을 벗어나 갈리시아 자치지역의 루고 주가 시작되는 경계에 이른다. 사실 눈에 보이는 황량한 전망은 그다지 특별할 게 없다. 다만 순례자는 서로 다른 두 왕국과 지역에 동시에 서 있는 것이다.

이제는 마을이 더 없을 것 같다는 생각이 들 무렵 머리 위로 오래된 돌담이 보인다. 이곳이 갈리시아 순례길의 첫 마을이자 순례길에서 매우 중요한 곳 중 하나인 오 세브레이로O Cebreiro이다.

라 화바 성당과 내부 성모상

라 화바 성당 주제단

26 비야프랑카 델 비에르소에서 오 세브레이로까지

오세브레이로 마을 전경

오 세브레이로 O Cebreiro

오 세브레이로 지역의 역사는 로마제국보다 더 오래되었다. 로마시대 이전부터 주민들의 거주지로 사용되던 전통적인 초가집인 파요사스Pallozas가 이 지역에 전해진다. '파요사스'란 이름은 지붕에 얹은 재료인 '밀짚'에서 유래되었다. 파요사스는 사람이나 짐승이 살 수 있게 지은 집으로 돌로 만든 건물 위에 초가를 얹은 형태이다.

835년 첫 번째 순례자 숙소가 생기고 이를 관리하는 프랑스인 수사들이 들어와서 살면서 마을이 형성되기 시작했다. 14세기에 이곳에서 성체의 기적이 일어나고 이 소식이 순례자들을 통해 전 유럽으로 퍼져 나가자, 교황칙서와 왕실의 자치권이 이곳에 주어지면서 대중적인 순례지가 되었다. 그 후 가톨릭 왕가와 교황의 도움으로 이곳에 수도원, 호스텔이 세워졌으며 프랑스 수도회의 관할에서 벗어나 스페인의 베네딕토 수도회가 관리를 맡았다.

오 세브레이로에서 내려다 본 풍경

왕립 산타 마리아 성당
Iglesia de Santa María a Real

이 성당은 '성체의 기적'으로 유명한데 기적의 증거가 성당 안에 보존되어 있다. 성당 내부 주제단 오른쪽 앱스에 꽃으로 장식된 유리장 안에는 글자가 새겨진 12세기 로마네스크 풍의 성작과 성반이 은제 유해함과 함께 보관돼 있다.

오 세브레이로의 성체 기적은 14세기로 거슬러 올라간다. 비바람이 매우 치던 날, 한 농부가 미사에 참석하기 위해 인근 마을에서 올라왔다. 미사를 집전하던 수사신부는 믿음이 부족했고 마을 사람들을 무시했다. 그가 무심한 가운데 빵과 포도주를 축성하자 빵과 포도주는 실제 살과 피로 변했다. 이 기적이 1486년 사실로 확인되면서 오 세브레이로는 곧 순례지가 되었고 거룩함의 상징이 되었다. 이 기적은 유럽 곳곳으로 순례자들을 통해서 퍼져나갔다. 기적의 증거가 전시된 유리장 옆에 성체의 기적 당시의 증인인 집전 사제와 신자의 무덤이 있다.

이곳에는 또 하나의 기적이 전해진다. 어느 왕이 이 성체 기적의 증거들을 모셔가고자 특사를 보냈다.

왕립 산타 마리아 성당

성당 내부에 있는 12세기 로마네스크 양식의 성모상 산타 마리아 아 레알(위)
성체의 기적 캐비넷(중간)
기적의 증인인 사제와 신자 무덤(아래)

그러나 특사가 성물을 말에 싣고 오 세브레이로를 떠나 20킬로미터쯤 왔을 때, 말들이 그 자리에 멈추어 서서 더 이상 움직이지 않았다. 특사는 겁에 질려 말들을 놓아주었는데 그 말들은 곧바로 오 세브레이로의 산타 마리아 성당으로 돌아왔다. 이 일을 알게 된 왕은 이 성물들을 오 세브레이로에 그대로 두기로 결정하였다.

2010년 이후 성당은 프란치스코 수도회에서 관할하고 있다.

삼페드로 신부상

* 엘리아스 발리냐 삼페드로 신부 Elías Valiña Sampedro

제대를 바라보고 왼쪽에 있는 경당에는 이 성당의 주임이었던 엘리아스 발리냐 삼페드로(1929-1989) 신부님의 무덤이 있다. 순례길에서 친숙한 노란색 화살표로 방향을 표시하는 것이 바로 그의 생각이었다. 성당 마당에 그의 흉상이 있어서 순례자들의 공경을 받고 있다.

순례길의 표지 노란색 화살표

산 히랄도 데 아우리야크 오스탈 Hostal San Giraldo de Aurillac

성당 옆 석조 건물은 현재 순례자 숙소인 산 히랄도 데 아우리야크인데 11세기 수도원의 일부이다. 1486년에

성당 내부 삼페드로 신부 무덤

산 히랄도 데 아우라야크 오스탈

산티아고 순례를 한 이사벨 여왕이 머문 곳으로 알려져 있다.

* 갈리시아 자치지역
Comunidad Autónoma de Galicia

스페인 북서쪽에 위치한 자치지역으로 남쪽은 포르투갈, 동쪽으로는 아스투리아스와 카스티아 이 레온과 이웃한다. 갈리시아 자치지역은 스페인어와 지역어인 갈리시아어, 두 가지를 모두 공식언어로 사용한다. 경우에 따라서는 갈리시아어로만 표기되어 있기도 한다. 현지 사용법에 따라 이 책에서도 때에 따라 스페인어와 갈리시아어를 혼용하여 표기한다. 예를 들면, 성당을 뜻하는 스페인어의 '이글레시아^{Iglesia}'는 갈리시아어로 '이그렉사^{Igrexa}'이며 우리가 잘 아는 성 요한은 스페인어로는 '산 후안$^{San\ Juan}$', 갈리시아어로는 '산 소안$^{San\ Xoán}$'이다.

스페인 하면 보통 더운 기후와 뜨거운 태양을 연상하지만 갈리시아 지역은 다른 지역과는 조금 다르다. 스페인에서 가장 선선하고 습하며 바닷가와 가까워 비가 많이 온다. 이렇게 상대적으로 추운 날씨 때문에 남쪽에서 들어온 이슬람인들이 이 지역에 적응하지 못했고, 덕분에 후에 이곳에서 그리스도교 회복운동이 일어날 수 있었던 것으로 보인다.

갈리시아를 여행하다 보면 작은 집 모양의 구조물들을 볼 수 있다. 거의 집집마다 있는데 돌이나 벽돌, 나무로 만들어졌다. 이것이 '오레오^{Hórreo}'인데 전통적으로 갈리시아 지방에서 옥수수 등을 보관하는 창고로 사용한다. 땅에서 조금 높게 만들어 쥐가 못 들어오고 통풍이 잘 되어 곡물이 썩지 않게 한다. 지붕 양 끝에 작은 십자가를 붙이는 전통이 있다.

갈리시아 자치지역에는 4개의 주가 있는데, 산티아고 순례길은 이 중 두 개의 주 루고^{Lugo}와 라 코루냐$^{La\ Coruña}$, 갈리시아어로는 아 코루냐$^{A\ Coruña}$를 통과한다. 이 두 주의 주도 이름도 주의 이름과 같은 루고, 라 코루냐이다.

곡물저장소 오레오

27. 오 세브레이로 O Cebreiro에서 트리아카스텔라 Triacastela까지

산 로케 고개 전경

오 세브레이로 — 리냐레스 3km — 오스피탈 다 콘데사 2.5km — 포이오 고개 3km — 폰프리아 3.5km — 오 비두에도 2.5km — 트리아카스텔라 6.5km
O Cebreiro — Liñares — Hospital da Condesa — Alto do Poio — Fonfría — O Biduedo — Triacastela

(산 로케 고개) / Alto de San Roque   (파도르넬로) / Padornelo

총 21km

    산티아고 순례길 내내 순례자에 대한 배려는 어디서나 볼 수 있지만 환경이 험한 곳에서는 특별히 더 큰 보살핌으로 나타난다. 오 세브레이로는 험한 산맥이 끝없이 이어지고 겨울도 길어 순례자들에게는 위험한 곳이었다. 그런 이유로 오 세브레이로와 그 인근 산마을 곳곳에는 순례자 숙소들이 생겨났고 그곳에서 오랫동안 자리잡았던 수사들은 가장 먼저 손님으로 대접받아야 할 가난한 이들과 순례자들을 공경하며 그 자리를 지켜나갔다.

리냐레스 Liñares

    오 세브레이로에서 LU-633 도로를 따라 걷다가 처음으로 만나는 마을이다. 마을 이름은 오래 전에 이곳에 아마를 재배하던 곳이 있었던 데

리냐레스 산 에스테반 성당

서 유래한 것으로 보인다. 학자들은 리냐레스가 오 세브레이로 순례자 숙소에 의복 등을 후원했던 왕의 아마 재배지였을 것으로 추정한다. 사각형 탑이 있는 산 에스테반(성 스테파노) 성당Iglesia de San Esteban이 있는데 8세기 후반에 세워졌으며 1963년에 재건축되었다. 오 세브레이로에 있는 산타 마리아 성당과 비슷한 형태이다.

산 로케 고개
Alto de San Roque (1270미터)

힘차게 고개를 넘는 순례자 모습의 기념비가 서 있다. 13-14세기 성인 산 로케는 한 평생을 가난한 순례자로 살았기 때문에 산티아고 순례길에서 특히 더 공경받는 성인이 되었다. 산티아고 순례길에서 그의 성상이나 이름을 가진 경당을 쉽게 만날 수 있다.

산 로케는 프랑스의 몽펠리에Montpellier 출신으로 그 지역 장관의 아들이었다. 20세가 되던 해에 부

산 로케 고개 순례자상

모를 잃고 혼자가 된 로케는 상속받은 많은 유산을 모두 가난한 이들에게 나누어주고 로마로 성지순례를 떠났다. 당시 이탈리아에는 전염병이 창궐했는데 그는 길에서 만나는 환자들의 치료를 도와주었다. 이탈리아 북부의 피아첸차Piacenza를 여행하던 중 그 역시 전염병에 감염되었으나 하느님의 은총으로 기적적으로 완치되었고, 다른 사람을 치유하는 은사도 받았다. 그 후 산 로케는 병고에 시달리는 불쌍한 사람들을 구원하는 치유자로 알려지게 되었다. 그러나 고향으로 돌아온 그는 간첩의 누명을 쓰고 감옥에 갇혔다. 이미 하느님의 치유자로 유명했으나 겸손했던 그는 자신이 누구인지를 밝히지 않았고 결국 5년간의 옥살이 끝에 생을 마감하였다.

비야프랑카 델 비에르소
산타 마리아 콜레히아타 성당의 산 로케 상

파도르넬로 산 소안 성당(위)
포이오 고개에 있는 카페(아래)

산 로케를 묘사한 성화나 성상에서 그는 한 쪽 다리를 걷어 전염병의 흔적인 상처를 보여주고 곁에는 빵을 물고 있는 강아지가 함께 있는 모습으로 나타난다.

오스피탈 다 콘데사
Hospital da Condesa

순례길에서 가장 오래된 순례자 숙소가 있었고 그 이유로 마을 이름에 순례자 숙소를 뜻하는 '오스피탈'이란 단어가 들어갔다. 오 세브레이로의 수도원과 유대가 있었던 산 소안(성 요한) 성당Igrexa de San Xoán이 있다. 성당은 라틴 십자가 모양으로 외부 계단이 있는 탑에 돔이 올라가 있다.

파도르넬로Padornelo의 산 소안 성당Igrexa Parroquial de San Xoán de Padornelo을 지나서 고갯길을 오르면 포이오 고개Alto do Poio(1335 미터) 정상에 도착한다. 옛 요한 기사단의 활동무대로 알려진 곳으로 현재는 길 양 옆으로 알베르게와 카페가 자리하고 있다.

오스피탈 다 콘데사 산 소안 성당

폰프리아 산 소안 성당

폰프리아 Fonfría

마을 이름은 '차가운 샘물Fons Fría'에서 유래한다. 14세기에 세워진 산 소안 성당Igrexa de San Xoán이 있다. 네모난 구조에 돌로 벽을 쌓았고 여러 차례 재건축되었다. 1535년부터 순례자 숙소가 있었다는 기록이 있는데, 순례자들에게 소금과 물 그리고 침대와 두 장의 담요들을 주었고 아픈 사람들에게는 빵과 달걀, 돼지기름 등도 주었다고 전해진다.

오 비두에도 산 페드로 경당 전경과 내부

오 비두에도 O Viduedo

역시 옛 요한 기사단의 활동영역으로 아주 작은 산 페드로(성 베드로) 경당Ermita de San Pedro이 있다. 사각형 구조로 전면에 아치형 문이 있고 그 위에 작은 종탑이 올라가 있다. 내부에는 16-17세기 조각상들이 있는 제단이 있다.

이어지는 작은 마을들 피요발F(V)illoval, 아스 파산테스As Pasantes, 라밀

산티아고 순례길 안내석

Ramil을 지나서 트리아카스텔라로 들어간다. 화강암 벽이 계속되는 좁은 통로를 걷는데 비가 오면 흙 범벅이 되기 십상이다. 이 길은 지금도 가축들의 이동통로로 사용되고 있다.

27 오 세브레이로에서 트리아카스텔라까지 | **231**

트리아카스텔라 Triacastela

갈리시아 루고 주의 동부에 있으며, 사리아 구역에 소속되어 있다. 오 세브레이로에서부터 험한 산길을 내려온 순례자들에게 중요한 휴식처였으며 오늘날에도 그 기능은 그대로 살아있다.

이 근방에는 오래된 철기시대 정착지, 갈리시아어로는 '카스텔로스 Castelos'가 '세 군데' 있었던 것으로 전해진다. 여기서 라틴어 마을 이름 '트리아카스텔라'가 나왔을 것으로 짐작된다. 이 도시를 세운 이는 9세기 비에르소의 가톤 백작 Count Gatón del Bierzo으로 알려져 있다.

산티아고 성당 주제단에 있는 산티아고 상

로마네스크 시대에 지어졌으며 18세기에 재건축된 산티아고 성당 Parroquia de Santiago이 있다. 전면에 보이는 종탑에 종과 산티아고 상이 있고, 그 아래에 '세 개의 성'이 부조로 새겨져 있다. 전면과 종탑은 18세기에 지어졌다. 성당 내부 주제단에도 순례자 복장을 한 산티아고 상이 있다.

트리아카스텔라 인근에 있는 채석장에 관해서 다음과 같은 이야기가 전해진다. 순례자들이 이곳 채석장을 지날 때 자신이 감당할 만큼의 석회석을 가지고 카스타녜다 Castañeda라는 마을까지 옮겼다는 것이다. 카스타녜다의 가마에서 이 석회석은 석회로 만들어져 산티아고 데 콤포스텔라의 대성당을 짓거나 고치는 데 사용되었다고 한다.

트리아카스텔라 산티아고 성당

비가 간간이 내리는 아침 오 세브로이로를 출발하여 트리아카스텔라로 향했다. 두 개의 고개를 넘어야 하지만 출발지점이 꽤 높은 곳이니 큰 걱정은 되지 않는다. 첫 번째 고개인 산 로케 고개에서 한국 청년을 만났다. 일전에 간단한 인사를 나눈 사이라 서로 사진을 찍어주고 얼마간 함께 걷다가 헤어졌다. 아무래도 청년의 속도가 나보다 빠를 것이기에 그를 방해하지 않기 위함이었다. 두 번째 고개인 포이오 고개의 어느 바에서 그를 다시 만났는데, 또 다른 한국 청년도 함께 있었다. 두 사람도 순례길에서 몇 차례 만났다고 한다. 먼 나라 넓은 땅에서 한국인을 우연히 만나 차 한 잔을 나누는 것은 참으로 깊은 인연이 아닐 수 없다. 우리는 기념촬영을 하고 다시 헤어졌다.

길은 계속 하산 길로 이어지는데 시야가 열린 지형이라 편안한 느낌이었다. 앞서 간 두 청년도 이야기를 나누며 걸어서인지 천천히 저 앞에서 걷고 있다. 갑자기 그들에게 점심식사라도 대접하고 싶다는 생각이 들었다. 한국의 청년들이 이 길에 많이 있지만 대부분 바쁘고 가난한(?) 형편이라 그저 간단한 음식으로 식사를 하는 경우가 많았다. 용기를 내서 청년들에게 점심식사를 제안했고 그들은 흔쾌히 받아들였다. 나는 오늘 트리아카스텔라까지 가지만 그들은 다음 구간인 사모스까지 간다고 하므로 트리아카스텔라에서 스페인 전통음식으로 맛있고 즐거운 식사를 했다. 그들은 감사를 전하며 자신들의 목적지로 떠나고 나는 나의 동료와 함께 숙소로 돌아왔다.

예수님이 길에서 두 명의 행인을 만나고 그들과 함께 여행하셨다. 저녁식사 시간이 되었을 때 그분이 더 멀리 가시려 하자 두 행인이 그분을 붙들고 식사에 초대했다. 함께 식사하며 빵을 나눌 때, 그때 두 행인은 그분이 누구신지 알 수 있었다. 그들은 마치 예수님처럼 더 먼 곳으로 가려 했지만 내가 용기를 내어 그들을 대접했으니 순례길에서 주님을 대접한 것과 다를 바가 없다. 예수님을 흉내내기는 어렵지만 그분 제자의 흉내라도 내볼 수 있었으니 이 또한 순례길에서 받은 또 하나의 선물이다.

한국 청년들과 함께

트리아카스텔라 Triacastela 에서 사리아 Sarria 까지

사모스 대수도원

총 24km

트리아카스텔라를 지나서 순례길은 두 갈래로 나뉜다. 하나는 산 실 San Xil을 거쳐 칼보르 Calvor를 통과한 후 사리아 Sarria로 들어간다. 다른 하나는 베네딕토 수도원이 있는 사모스를 거쳐서 가는 길인데 이 수도원을 보기 위해 많은 순례자들이 이 길을 이용한다. 이 책에서도 두 번째 길의 마을들을 소개한다.

산 크리스토보 도 레알
San Cristovo do Real

트리아카스텔라에서 사모스를 거쳐 사리아로 가는 길에서 만나는 첫 마을이다. 오리비오 강이 마을의 중심을 흐르고, 집들이나 방앗간의 모습이 예스러운 풍취를 만들어낸다. 주랑과 양쪽에 측량이 있는 산 크리스토보 도 레알 성당 Iglesia de San Cristovo do Real이 있다.

산 크리스토보 도 레알 성당

렌체 Renche

단순한 종탑이 있는 로마네스크 양식의 산티아고 성당Iglesia de Santiago de Renche이 있다.

렌체 산티아고 성당

사모스 Samos

오리비오 강을 따라가면 대수도원으로 유명한 사모스를 만난다. 사모스 지역은 역사 이전 시대로부터 거주민이 있었던 곳으로 고고학적 증거도 남아 있다. 6세기에 수도원이 들어오면서 마을의 역사는 수도원의 역사와 밀접한 연관을 맺으며 발전해왔다.

수도원은 714년 이슬람 군대가 침공하자 버려졌다가 8세기 후반에 다시 복구되었다. 10세기, 지역 귀족들의 요청으로 17명의 수사들이 파견되어 베네딕토의 규칙에 따라 수도원이 운영되었다. 1175년 알레한드로 3세(알렉산데르 3세) 교황의 칙령으로 갈리시아 전 지역 100여 개의 성당을 관할하는 사모스 대수도원이 설립되었다.

산 훌리안과 산타 바실리사 베네딕토 수도원 Abadía Benedictina de San Julián y Santa Basilisa

사리아 강으로도 불리는 오리비오 강이 사모스 수도원의 울타리를 따라 흐른다. 이 수도원은 6세기에 브라가의 산 마르틴San Martín이 설립하였는데, 특이하게 부부 성인인 훌리안Julián과 바실리사Basilisa에게 봉헌되었다. 이 부부 성인은 디오클레시안Diocletian 시대에 이집트에서 순교했는데 이곳에 남녀 수도원이 함께 있었기 때문에 이들을 수도원의 수호성인으로 모셨을 것으로 학자들은 추정하고 있다.

수도원의 건물들은 여러 시대에 걸쳐 지어져 로마네스크, 고딕, 르네상스, 바로크 등 다양한 양식을 볼 수 있다. 전체적으로 서로 붙어 있는 두 개의 회랑을 중심으로 하는 구조로, 하나는 페이후 신부의 회랑

Claustro del Padre Feijóo이고 다른 하나는 네레이다스 회랑Claustro de las Nereidas이다.

페이후 신부의 회랑은 중앙에 세 가지의 다른 화강암으로 만들어진 페이후 신부의 동상이 있는 것이 특징이다. 화재로 무너진 옛 로마네스크 회랑 유적 위에 16세기에 세워진 네레이다스(바다 요정 또는 여신을 의미) 회랑의 중앙에는 신화에 나오는 네 존재의 조각상이 수반을 받치고 있는 분수가 있다.

수도원 전면의 특징은 탑이나 건물 꼭대기의 장식, 중앙의 화려한 장식이 없어 마치 미완성인 것처럼 보인다는 것이다. 18세기 바로크 양식으로 상단부와 하단부 두 부분으로 구분되어 있다.

상단부 중앙에는 장미창이 있고 그 양 옆에 산 훌리안과 산타 바실리사의 상이 있다. 그 옆에는 장식적인 난간과 아치가 있는 사각형 구조의 종탑이 있다. 하단부 출입문 양 옆에는 네 개의 도리스식 기둥들이 있다. 문 위에 있는 바로크 양식의 벽감에는 산 베니토(성 베네딕토)San Benito 상이 있는데 조각가 페레이로Ferreiro의 작품이다. 현관에는 산티아고 데 콤포스텔라 카테드랄의 오브라도이로 광장 쪽 계단과 비슷한 형태로 지어진 18세기 계단이 있다.

사모스 수도원 전면

엘 살바도르/엘 시프레스 경당
Capilla del Salvador / Capilla del Ciprés

대수도원 인근에 자리한 작은 경당으로 9-10세기 모사라빅 전통 방식으로 지어졌다. 25미터 높이의 사이프러스 나무가 경당 바로 옆에 붙어 있다.

강을 따라서 순례를 이어가면, 알데아 데 아바호Aldea de Abajo를 지나고, 아기아다Aguiada에서 트리아카스텔라에서 갈라졌던 다른 순례길과 합류한다. 이제 하나가 된 순례길은 산 마메드 델 카미노San Mamed del Camino, 산 페드로 도 카미노San Pedro do Camino, 카르바얄Carballal 등의 작은 마을들을 거쳐 사리아 외곽으로 들어선다.

사리아 Sarria

사리아 인근은 수천 년 전부터 사람들이 모여 살았던 곳으로, 이곳에서는 고인돌을 비롯한 역사 이전 시대의 유적들과 켈트족 문화유적에 이르기까지 고고학적 유물과 유적들이 발견되었다. 한때 스페인 땅을 점령했던 무슬림들도 지리적으로 서북쪽에 위치한 이곳에는 그다지 큰 영향력을 미치지 못한 것으로 보인다. 다른 지역들과 달리 건축물이나 지역의 이름에서도 이슬람 문화의 흔적은 그리 많지 않다.

1200년경 레온 왕국의 알폰소 9세는 이곳에 도시를 세우고 비야노바 데 사리아Villanova de Sarria라고 불렀다. 이곳에 주민들을 정착시킨 그는 1230년 산티아고 순례를 하는 도중 그가 세운 이 도시에서 세상을 떠났다고 한다.

사모스 엘 시프레스 경당

28 트리아카스텔라에서 사리아까지 | 237

사리아 거리

 사리아는 산티아고 순례의 전성기였던 중세와 마찬가지로, 오늘날에도 산티아고 순례의 중요한 거점 도시이다. 산티아고 카테드랄의 순례자 사무소에서는 이곳 사리아부터 걷는 순례자들에게도 순례인증서를 발급해 주고 있다. 따라서 사리아에서부터 순례를 시작하는 이들도 많기에 이곳은 항상 순례자들로 붐빈다.

 순례길은 사리아 강에서부터 시작하여 언덕 위에 있는 옛 성채 세로 델 카스티요Cerro del Castillo로 올라가는 골목길을 통과한다. 이 언덕길 주변으로 성당들과 순례자들을 위한 숙소들 그리고 식당들이 자리하고 있다.

사리아 거리에 있는 순례길 표시

막달레나 수도원
Monasterio de la Magdalena

산 살바도르(구세주) 성당
Iglesia de San Salvador

사리아 Sarria

루아 마이오르
Rúa Maior

산타 마리냐 성당
Iglesia de Santa Mariña

요소들을 볼 수 있다. 종탑은 19세기에 만들어졌다.

북쪽 전면 문 위 상단부 팀파눔에 '왕이신 그리스도^{Pantocrátor}' 주제를 단순화하여 표현한 부조가 있는데 왼손 바닥을 펴고 오른손을 들어 축복을 하고 있는 모습이다. 그 양 옆으로 여섯 개의 이파리가 달려 있는 기하학적 모양의 나무가 있고 각각의 나무 위에는 그리스 십자가가 조각되어 있다.

성당 앞에는 구세주의 샘이 있고 16-19세기에 운영됐던 산 안톤 순례자 숙소가 성당 바로 옆에 있었다고 전해진다.

산타 마리냐 성당

산타 마리냐 성당
Iglesia de Santa Mariña

사리아에 들어와 순례길에서 처음 만나는 성당으로 13세기에 로마네스크 성당으로 지어졌으나 건물이 무너져 19세기에 라틴 십자가 구조의 고딕 풍으로 다시 지어졌다.

산 살바도르(구세주) 성당
Iglesia de San Salvador

산타 마리냐 성당에서 계속 고갯길을 올라 언덕 위에 있는 13세기 옛 성채 사리아 성 밑에 있다. 성채와 마찬가지로 13세기에 지어진 성당으로 고딕과 로마네스크 양식의

산 살바도르 성당 전경과 팀파눔

막달레나 수도원

막달레나 수도원
Monasterio de la Magdalena

13세기에 산티아고 순례를 하던 몇몇 이탈리아 수사들이 순례자들을 위한 숙소를 세운 것이 그 기원이다. 지금은 메르셀다리안 공동체 Orden de la Merced가 순례자 숙소를 운영하고 있다. 원래 로마네스크 양식의 건물이었으나 16세기에 재건축되어, 현재는 고딕, 바로크, 플라테레스크의 다양한 양식을 모두 볼 수 있다.

사리아가 내려다보이는 언덕 위의 십자가

사리아에서는 이제까지보다 더 많은 순례자들을 만난다. 구시가지는 순례자들의 숙소와 식당, 바로 가득차 있는 듯 보인다. 걸어서는 약 100킬로미터 이상을, 자전거로는 200킬로미터 이상을 순례해야 산티아고 카테드랄에서 순례인증서를 발급받을 수 있다. 사리아에서 산티아고까지의 거리가 약 120킬로미터이므로 이곳부터 걸으면 순례인증서를 발급받을 수 있다. 오랜 시간을 공들여 걸어 순례하면 더 없이 좋겠지만 긴 시간을 내기가 어려운 사람들도 산티아고 순례를 하고 그에 대한 성취감을 얻을 수 있는 또 하나의 출발점이 바로 이곳 사리아이다.

29일차 사리아 Sarria 에서 포르토마린 Portomarín 까지

포르토마린 입구

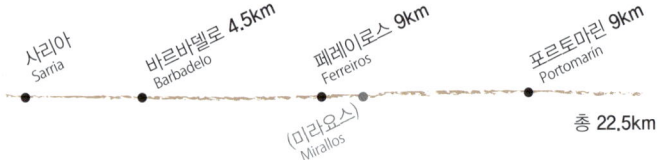

사리아 Sarria — 바르바델로 Barbadelo 4.5km — 페레이로스 Ferreiros 9km — (미라요스 Mirallos) — 포르토마린 Portomarín 9km

총 22.5km

사리아를 떠나 셀레이로 Celeiro 계곡에 도착하면 순례자는 로마네스크 양식의 돌다리인 폰테 아스페라 Ponte Áspera로 개울 같은 강을 건넌다. 폰테 아스페라는 '울퉁불퉁한 다리'라는 뜻이다. 이번 구간은 주로 시골 마을길인데 바다가 가까워 비도 많고 구름도 많고 바람도 많다. 벌판은 이어지지만 구릉지가 많고 마을마다 시큼한 치즈 냄새가 코끝을 자극한다. 이 땅에 사는 사람들과 가축들 그리고 자연이 한 덩어리가 된 삶의 현장을 걷는다.

바르바델로 Barbadelo

숲으로 둘러싸인 마을로 순례자들을 위한 숙소가 있었던 곳이다. 산티아고 성당 Iglesia de Santiago은 12세기 후반에 로마네스크 양식으로 세워졌으며 사각형 종탑이 있다. 서쪽 전면 현관에는 두 개의 아치가 있다. 출입문 위 팀파눔에 십자가에서 팔을 벌리고 있는 인물상이 있는데, 기도를 하거나 성당에 오는 이들을 환영하는 듯 보인다.

바르바델로를 지나서, 순례길은 렌테Rente, 메르카도 다 세라Mercado da Serra, 레이만Leimán, 페루스카요Peruscallo, 코르티냐스Cortiñas로 이어진다. 옷을 세탁하는 장소라는 뜻의 라반데이라Lavandeira, 카살Casal, 브레아Brea, 모르가데Morgade를 지나서 개울 옆으로 난 시골길을 따라 오르면 페레이로스Ferreiros다. 길을 가던 이들이 말굽을 갈던 대장간이 있었다고 전해진다. 여기서 약 300미터 떨어진 곳에 미라요스가 있다.

바르바델로 산티아고 성당과 출입문

산티아고 성당 내부

갈리시아 지방의 전형적인 풍경

미라요스 Mirallos

마을 이름은 '아름다운 풍경'이란 뜻이다. 로마네스크 양식의 산타 마리아 데 페레이로스 성당Igrexa de Santa María de Ferreiros이 묘지와 함께 있다. 이름에서도 알 수 있듯이 이 성당은 원래 페레이로스에 있었으나 1790년경 미라요스 외곽으로 원형 그대로 옮겨졌다.

순례길은 계속해서 페나Pena, 로사스Rozas 그리고 모이멘토스Moimentos로 이어진다. 조금 더 가면 메르카도이로Mercadoiro, 모우트라스Moutrás, 파로차Parrocha, 빌라차Vilachá로 이어진다. 로이오 계곡에는 12세기 산티아고 기사단의 요람이었던 고대 수도원의 흔적이 있다. 그리고 곧 저수지와 다리가 나타나고 건너편 언덕 위에 포르토마린Portomarín의 모습이 보인다.

미라요스 산타 마리아 데 페레이로스 성당

강 건너 언덕 위로 보이는 포르토마린

포르토마린 Portomarín

산티아고 순례길 중 보기 어려운 꽤 넓고 유속이 빠른, 강다운 강이 보인다. 포르토마린을 흐르는 미뇨Miño 강이다. 댐이 건설되면서 벨레사르Belesar 저수지가 되었는데 가뭄 등으로 수위가 낮아지면 저수지에 잠긴 옛 포르토마린의 흔적을 볼 수 있다. 이 위에 긴 현대식 다리가 놓여 있고 새 포르토마린은 1962년 미뇨 강의 언덕 위에 세워졌다. 중요한 기념물들은 모두 원형 그대로 새 도시로 옮겨졌다.

이 지역에서 발굴된 많은 고고학적인 유적들은 이 마을의 오랜 역사를 설명해준다. 이미 2세기에 로마 제국이 이 강에 다리를 건설했었다. 후에 전쟁으로 파괴되었으나 1120년경 순례자들을 위해 다시 세워졌다.

새로 세워진 현대식 다리와
그 아래 가뭄으로 드러난 옛 다리(위)
포르토마린 시내(아래)

포르토마린
Portomarín

산 페드로(성 베드로) 성당
Igrexa de San Pedro

산 니콜라스(성 니콜라오) 성당
Iglesia de San Nicolás

니에베스의 성모 경당
Ermita de Santa María de las Nieves

벨레사르 저수지
Embalse de Belesar

니에베스의 성모 경당과 옛 다리

니에베스의 성모 경당
Ermita de Santa María de las Nieves

다리를 건너면 아치가 있는 큰 계단이 정면에 보인다. 이 계단은 2세기 로마인들이 만들었던 원래의 다리에서 유일하게 남은 부분인데 댐이 건설되면서 지금의 이곳으로 옮겨져 포르토마린의 상징이 되었다.

계단을 오르면 작은 문이 있고 그 위에 아담한 니에베스의 성모 경당이 있다. 지역주민들이 물로 인해 일어나는 사고로부터 보호해 줄 것을 청원하며 이 경당을 지어 봉헌하였다.

산 니콜라스 성당
Iglesia de San Nicolás

언덕 위 중앙광장에 템플기사단의 기념비적인 산 니콜라스 성당이

산 니콜라스 성당

산 니콜라스 성당 현관

있다. 원래 수몰된 옛 도시에 있었던 것을 벽돌 하나하나 옮겨 현재의 자리에 그대로 복원해 놓은 것인데 요새로 지어져 전시에 총을 쏠 수 있는 구멍이 있는 돌기가 있다. 옛 도시에 있을 때 산 후안 성당, 갈리시아어로는 산 소안(성 요한) 성당 Igrexa de San Xoán으로 불렸다.

이 12세기 성당에서 주목할 것은 문들에 있는 조각과 전면에 있는 큰 장미창이다. 성당은 산티아고 카테드랄의 영광의 문을 설계하고 만든 거장 마테오의 영향을 받았다. 정문 위 팀파눔에는 '왕이신 그리스도'가, 그 주변 아치에는 요한묵시록에 나오는 24명의 원로들이 중세의 악기들을 들고 연주하는 모습이 묘사되어 있다.

산 니콜라스 성당 내부

산 페드로 성당

산 페드로(성 베드로) 성당
Igrexa de San Pedro

역시 옛 마을에서 옮겨온 성당으로 원래는 미뇨 강의 왼편 강둑에 있었다. 10세기에 지어져서 루고의 주교 로드리고 2세$^{Rodrigo\ II}$가 1182년에 축성하였다. 갈리시아 지방의 많은 다른 성당들에서도 볼 수 있듯이 화강암으로 지어졌다. 산 니콜라스 성당 옆길을 따라가면 가까운 곳에 있다.

사리아부터는 단체로 이 길을 걷는 순례자들이 많다. 많은 사람들이 모이는 만큼 더 많은 배려가 필요하다. 산티아고 순례길은 잘 알려진 대로 그리 넓은 길이 아니다. 숲길과 도로 모두 여러 명이 함께 지나가기에는 좁기에 다른 사람에게 원치 않는 피해를 줄 수도 있다. 또한 순례길은 기존의 마을길을 사용하고 있다. 주택들이 있는 골목을 지나기도 하고 소와 양의 우리 곁을 지나기도 한다. 그러니 많은 사람들이 크게 이야기를 하면 주민들이나 다른 순례자들에게 불편을 끼칠 수 있다.

순례는 외적 활동이지만 반드시 내적 사고와 영적 기도가 겸해질 때 그 가치는 최고가 된다. 그리고 이를 위해서 적당한 침묵이 필요하다. 실제로 많은 순례자들이 이 적당한 침묵을 유지하며 순례에 임하고 있다. 적당한 침묵은 곧 삶의 길을 기꺼이 내어준 주민들에 대한 예의이며, 그 길 주변에 살고 있는 모든 생물에 대한 배려이고 함께 그 길을 걷고 있는 동료 순례자들에 대한 존중이기 때문이다.

30. 포르토마린Portomarín에서 팔라스 데 레이Palas de Rei까지

빌라르 데 도나스의 산 살바도르 성당

포르토마린을 나갈 때는 마을로 들어올 때 건넜던 다리를 건너지 않고 그 우측으로 난 길을 따라가다가 나오는 다른 다리를 건넌다. 숲길을 지나 나오는 도로를 따라가다 길 왼편에 공장건물이 있다. 더 가서 톡시보Toxibó와 곤사르Gonzar를 지난 후 얼마 안 가면 카스트로마이오르Castromaior가 나온다.

카스트로마이오르Castromaior

언덕 위에 작은 로마네스크 양식의 성당Iglesia Románica de Castromaior이 있다. 16세기에 지어졌으며 전면 입구 위에 단순한 아치가 있고 종이 하나 있는 종탑이 있다.

카스트로마이오르 성당

여기서 숲길을 따라 산을 넘으면 라메이로스Lameiros이다. 라메이로스와 다음 마을인 리곤데 사이에 17세기 라메이로스의 십자가Cruceiro de Lameiros가 있다.

벤타스 데 나론
Ventas de Narón

840년 그리스도인들과 무어인들의 전투가 벌어진 전쟁터였지만 그 흔적은 거의 남아 있지 않다. 13세기에 템플기사단이 세운 순례자 숙소의 일부였던 산타 마리아 막달레나 경당Ermita de Santa María Magdalena이 남아 있다.

벤타스 데 나론 산타 마리아 막달레나 경당

라 메이로스 17세기 십자가

리곤데 카사 드 카르네이로

리곤데 산티아고 성당

리곤데 Ligonde

중세 순례길에서 중요한 순례자 숙박 마을이었다. 1520년 카를로스 5세 Carlos V와 1554년 펠리페 2세 Fellipe II가 머물렀던 집 카사 드 카르네이로 Casa de Carneiro가 남아 있는데 벽에 우요아 Ulloa 가문의 문장이 새겨져 있다.

마을을 나와 언덕길을 오르면 왼쪽으로 십자가가 보이고 그 뒤에 묘지가 함께 있는 산티아고 성당 Iglesia de Santiago이 보인다. 문에 옛 로마네스크 성당의 일부가 남아 있고 성당의 다른 부분들은 18세기에 다시 지어진 것이다.

다시 순례길로 돌아와 '교회'라는 뜻의 라틴어 Ecclesia에서 마을 이름이 유래한 에이렉세 Eirexe와 포르토스 Portos를 지나 알베르게 카사 아 칼사다 Casa a Calzada 앞에 있는 갈림길로 들어간다. 순례길에서 약 2~3킬로미터 들어간 곳에 빌라르 데 도나스가 있다.

빌라르 데 도나스
Vilar de Donas

갈리시아어로 'dona'는 '종교적인 여인'을 의미하는데 이곳에 수녀원이 있었던 데서 유래한다. 이곳에 있는 산 살바도르 성당은 원래 수녀원 성

빌라르 데 도나스 산 살바도르 성당 .출입문

빌라르 데 도나스 산 살바도르 성당
산티아고 기사단 갈리시안 기사들의 무덤

돌로 제작된 15세기 옛 주제단화

당으로 지어졌으나 중세에 산티아고 기사단 소속이 되었고 이 수도회의 갈리시안 기사들의 무덤으로 사용되었다. 옛 로마네스크 성당의 출입문이 아직까지 그대로 보존되어 있다.

라틴 십자가 형태의 성당으로 세 개의 앱스가 있으며 주제단 뒤쪽 중앙 앱스에는 15세기 갈리시안 프레스코화가 남아 있다. 프레스코화는 왕이신 그리스도, 부활, 천사가 마리아에게 잉태 소식을 알리는 내용 등을 주제로 하고 있다.

순례길로 다시 돌아와 길을 계속 가면 발로스Valos/Balos, 마무리아Mamurria, 브레아Brea 등의 작은 마을

산 살바도르 성당 프레스코화

돌로 만든 옛 제단화 이후에 사용되었던 바로크 제단화. 주제단 뒤쪽에 있었으나 옮겨져 현재는 오른쪽 트랜셉트에 있다.

을 지나 로사리오 고개Alto de Rosario를 넘어 팔라스 데 레이Palas de Rei의 외곽으로 들어간다. 고개의 이름은 순례자들이 로사리오 기도를 바치며 마을로 들어간 데에서 유래한다.

팔라스 데 레이Palas de Rei

외곽에 새로 건립된 체육시설이나 숙소들이 보이고 시내 끝부분에 구시가지가 나타난다. 현대적인 신시가지와 구시가지가 공존하는 단정한 인상의 도시이다. 아직도 다수의 선사시대 유적들이 남아 있어 이곳의 오랜 역사를 증언한다.

마을의 이름은 8세기 초 이 지역을 통치한 서고트 위티사Witiza 왕의 궁전인 '팔라티움 레기스Palatium Regis'에서 유래한 것으로 보인다. 중세 때 산티아고 순례길이 마을을 통과하면서 크게 번영하였으며 로마네스크 양식도 이 길을 통해 전파되었다.

12세기 로마네스크 양식의 산 티르소 성당Igesia de San Tirso이 있다. 여러 번 개축되었으나 주 출입문은 원래의 12세기 성당에서 보존된 것이다.

팔라스 데 레이 산 티르소 성당

산 티르소 성당 내부

 로사리오 고개 인근 바에서 잠시 휴식을 취하며 보니 나귀 두 마리가 묶여 있다. 등에 짐을 실은 것으로 보아 누군가 나귀를 끌고 순례를 하는 듯하다. 옛 자료에 보면 순례길에서 나귀는 부상자나 짐을 나르는 데 사용되었다고 한다. 오늘의 말 격인 자전거를 타고 순례하는 일행이 재미있다는 듯이 나귀 곁을 떠날 줄을 모른다.

 잠시 후에 주인이 나왔는데 스페인 부부였다. 나귀 등에 소형 카메라를 달고 있는 것으로 보아 아마도 옛 순례 방식의 하나를 재현하는 것 같았다. 진귀한 풍경이고 오늘의 목적지인 팔라스 데 레이에 거의 다 온지라 천천히 그 일행 뒤를 따라갔다. 옛날에는 대표적인 교통수단이 말이나 나귀였을 테니 어느 곳이나 마구간이 있었을 것이다. 그러나 오늘날 그 큰 동물들을 재우고 먹이거나 배설물을 처리할 곳은 거의 없다. 현실적인 불편함을 감수하고 전통을 이어가는 그들의 노력이 그래서 더 대견해 보이기도 한다.

 오늘날 전통을 이어가는 일은 쉬운 일이 아니다. 많은 곳에서 불편함을 이유로 전통 건물을 허물고 현대적인 높은 건물을 세웠다. 다행스럽게도 산티아고 순례길에는 아직도 수많은 성당과 순례자 숙소와 다리가 보존되어 있다. 최근 순례자가 늘면서 복원 작업도 한창 진행 중이다. 이런 옛 건물을 중심으로 전통 축제나 종교행사가 아직도 예전 모습으로 진행되는 것을 보면서 유적의 중요성을 다시 한 번 생각해본다. 그리고 불편함을 감수하고 옛 건물과 전통을 지키고자 애쓰는 산티아고 순례길의 주민들에게 큰 응원의 박수를 보낸다.

31 팔라스 데 레이 Palas de Rei에서 아르수아 Arzúa까지

레보레이로 산타 마리아 성당과 전통 곡물저장소

팔라스 데 레이 Palas de Rei — 산 술리안 도 카미노 San Xulián do Camino 3.5km — 레보레이로 Leboreiro 6km — 푸렐로스 Furelos 4km — 멜리데 Melide 1.5km — 보엔테 Boente 5.5km — 리바디소 Ribadiso 5.5km — 아르수아 Arzúa 3km

총 29km

산 술리안 도 카미노
San Xulián do Camino /
San Julián del Camino

로마네스크 양식의 산 술리안 성당Igrexa do San Xulián이 있다. 다듬어진 화강암으로 지어졌고 주랑과 큰 원형 앱스가 있다.

산 술리안은 선원, 여관 주인, 서커스 단원들의 수호성인으로 성인에 관해서는 슬픈 이야기가 전해진다. 술리안은 사슴을 추적하다가 부모를 죽일 것이라는 경고를 받는다. 이 예언에 두려움을 느낀 술리안은 부모와 고향을 떠나 낯선 곳으로 간다. 자식을 그리워하던 그의 부모는 마침내 그가 있는 곳을 찾아내고 아무런 연락없이 그가 있는 곳을 찾아갔다.

오랜 여행에 피곤했을 부모에게 술리안의 아내는 자신의 잠자리를

산 술리안 성당

내어주었다. 얼마 후 집으로 돌아온 술리안은 자신의 부모가 와 있는 것을 모른 채 침대에 두 사람이 있는 것을 보았다. 아내와 아내의 정부가 누워 있는 것으로 생각한 술리안은 그 둘을 모두 살해하였다.

사실을 알게 되고 예상치 못한 일에 크게 놀란 술리안과 그의 아내는 이 죄를 씻기 위해 로마로 순례를 떠났다. 후에 그들은 가난한 여행자들을 위한 순례자 숙소를 열고 그들을 위해 봉사했다. 마침내 천사가 찾아와서 그들에게 주님의 용서를 베풀었다.

팜브레Pambre 강 위의 작은 다리 폰테 캄파냐-마토Ponte Campaña-Mato를 건너면 작은 마을들과 경작지들이 이어진다. 포르토 데 보이스Porto de Bois, 캄파니야Campanilla가 있고, 코토Coto와 코르닉사Cornixa 사이로 갈리시아 자치지역 내 루고Lugo 주와 라 코루냐La Coruña 주의 경계가 지나간다.

레보레이로 Leboreiro

12세기에 지어지기 시작해 15세기에 보수된 순례자 숙소의 벽이 남아 있다. 이 지역에서 영향력을 행사했던 우요아 가문의 문장이 새겨져 있는 것을 볼 수 있다. 순례자 숙소 앞에 나뭇가지로 엮은 전통적인

레보레이로 산타 마리아 성당 현관 팀파눔

곡물저장소가 있다.

바로 옆에 13세기 산타 마리아 도 레보레이로 성당Iglesia de Santa María do Leboreiro이 있다. 로마네스크의 흔적과 장식적인 식물 문양이 남아 있고 정문 위 팀파눔에는 성모자상이 있다.

레보레이로를 벗어나 세코Seco 강 위의 작은 로마네스크 다리 푸엔테 마리아 막달레나Puente María Magdalena를 건너면 데시카보Desecabo / Disicabo이다.

푸렐로스Furelos

그 기원을 고대에서 찾을 수 있는 오래된 마을로 중세 마을의 형태가 일부 남아 있다. 마을 입구에 중세 다리 폰테 벨하Ponte Velha가 있는데, '오래된 다리'라는 뜻이다. 12세기에 건축된 것으로 보이며 18세기에 부분적으로 보수되었다.

푸렐로스 산티아고 길 안내석(위)
산 소안 데 푸렐로스 성당(아래)

푸렐로스 중세 다리 폰테 벨하

중세 로마네스크 양식의 산 소안(성 요한) 데 푸렐로스 성당Iglesia de San Xoán de Furelos이 있다. 대부분 개축되었으나 남쪽 벽은 원래의 성당에서 남은 것이다.

멜리데Melide

'멜리데'라는 이름은 땅의 주인으로 추정되는 인물의 라틴어 이름 멜리투스에서 유래되었다. 다른 중세 도시들처럼 마을 중심에 구시가지가 있고 인구 밀집 지역이 되었다. 산티아고 순례길의 프랑스길과 옛길 그리고 오비에도로부터 오는 길이 모두 이 도시를 통과했기 때문에 많은 사람들이 모이는 곳이 되었다. 그러면서 갖가지 직업을 가진 사람들이 이 도시를 찾았고, 멜리데가 크게 발전하는 계기가 되었다.

산 로케 경당Capilla de San Roque

허물어진 중세의 산 페드로(성 베드로) 성당과 산 로케 성당의 잔해를 모아 1949년에 새로 지은 것이다. 전면은 14세기 산 페드로 성당에서 가져온 것으로 중세 갈리시아 예술을 잘 보여주고 있다. 두 개의 버팀기둥들과 세 개의 반구형 아치가 있으며 고딕 양식의 요소들도 보인다.

크루세이로 도 멜리데
Cruceiro do Melide

경당 왼쪽에 있는 커다란 야자나무 아래에 14세기 돌 십자가가 서 있다. 갈리시아 지역에서는 가장 오래되었다고 한다. 위 십자가 부분만 원래 것이고 아래 돌기둥 부분은 나중에 덧붙여진 것이다. 앞면에는 왕좌에 앉은 그리스도의 모습이 조각되어 있는데 상처난 손을 보여주고 있다. 뒷면은 십자가에 달린 예수님을 표현하고 있다. 옛 산 페드로 성당에 있었던 십자가로 추정된다.

멜리데 산 로케 경당

멜리데 돌 십자가

성령 성당 Iglesia de Sancti Spiritus

복잡한 교차로를 건너 중심가를 지나면 구시가로 들어선다. 중앙광장에 14세기 성령 성당이 있다. 다른 많은 성당들처럼 여러 시대에 걸쳐 증축, 개축되어 바로크, 신고전주의, 고딕 등 다양한 양식이 뒤섞여 있다. 성령 성당은 지금은 없어진 14세기 프란치스코회 수도원에 속

성령 성당

성령 성당 슬픔의 성모 제단화와 나자렛 예수 제단화

성령 성당 주제단

산 안토니오 경당과 내부

해 있었다. 원래 건물에서 남은 것은 성당 내부에 있는 작은 경당, 돔과 아치뿐이다. 15세기에 재건축되었고 18세기에 증축되었다. 이때 성당 전면과 탑도 만들어졌는데 산티아고 데 콤포스텔라에 있는 프란치스코회 수도원의 탑과 비슷하다.

1690년에 제작된 바로크 양식의 주제단화는 당시 갈리시안 바로크의 중요한 조각가인 프란시스코 데 카스트로 칸세코 Francisco de Castro Canseco의 작품이다. 슬픔의 성모와 나자렛 예수를 주제로 한 다른 두 개의 신고전주의 제단화도 있다.

산 안토니오 경당
Capilla de San Antonio

프랑스에서 오는 순례길과 루고 및 오비에도에서 오는 순례길이 만나는 지점에 1671년 멜리데 출신 대주교 마테오 세가데 부게이로 Mateo Segade Bugueiro가 세웠다. 1960년부터 관청으로 사용되고 있다. 경당의 바로크 전면은 갈리시안 건축가인 도밍고 데 안드라데 Domingo de Andrade가 디자인했다.

산타 마리아 성당
Iglesia de Santa María

멜리데 외곽에 있는 12세기 로마네스크 양식의 성당이다. 주랑과 제단 사이에 아치가 있는데, 오른편 아치는 구약성경에 나오는 다니엘과 사자들의 이야기가 조각된 기둥머리가 받치고 있다. 아치 뒤편에 있는 제단의 천장에는 4복음사가의

멜리데 외곽 산타 마리아 성당

보엔테 산티아고 성당 전경

상징들로 둘러싸인 왕좌에 앉은 그리스도가 묘사되어 있다. 벽에는 6명의 사도들 흉상이 각각 아치 아래 그려져 있고 흉상들 아래는 입체적인 사각형들로 장식되어 있다.

멜리데를 나와 개울을 건너면 숲길로 들어선다. 카르바얄Carballal, 라이도Raído 등의 작은 마을들을 지나 보엔테Boente에 이른다.

보엔테Boente

보엔테의 산티아고 성당Iglesia de Santiago은 많은 순례자들이 방문하는 성당 중 하나이다. 이 성당은 항상 문을 열어놓고 순례자들이 순례자 여권에 도장을 찍어갈 수 있도록 배려하고 있다. 성당은 12세기에 지어졌고 후에 개축되었는데 원래의 것으로는 창문과 두 개의 로마네스크 기둥머리가 남아 있다. 내부 제단화에는 다양한 모습의 산티아고 상이 있다.

보엔테 산티아고 성당 내부와 제의실

리바디소 Ribadiso

이소^{Iso} 강을 건너 리바디소에 들어간다. 15세기 안토니오 수도회가 운영했던 순례자 숙소인 오스피탈 데 산 안톤을 비롯해 여러 개의 순례자 숙소가 있었던 곳이다.

아르수아 Arzúa

첫눈에 아르수아는 현대적인 펜션과 알베르게 등의 순례자 숙소가 많은 계획도시 같은 인상이다. 일자로 곧게 뻗은 시가지가 다 끝나갈 무렵에야 세월이 묻어나는 건물들이 보이기 시작한다.

아르수아의 역사를 보면 콤포스텔라의 영광에 일조한 곳임을 알 수 있다. 오래 전부터 이 마을에 있었던 수도회는 콤포스텔라의 건설에 교두보가 되었고, 콤포스텔라로 순례자들이 모여들 때는 그 순례자들을 돕고 안내하는 도우미 역할을 묵묵히 실천하였다. 빛나는 조연의 중요성을 알게 해 주는 도시가 아르수아이다.

아르수아의 기원은 선사시대로 거슬러 올라가는데 기원전 3,500-1,500년에 있었던 거석문화의 흔적들이 풍부하게 남아 있다. 청동기와 초기 철기시대의 정착민들은 요새를 중심으로 마을을 형성했던 것으로 보인다. 로마인들은 군사 주둔지를 만들어 인근의 금광을 관리하기도 하였다.

중세에 산티아고 순례가 활발해지면서 여러 분야의 장인들이 몰려들고 마을이 커짐에 따라 한때 '새로운 마을'이라는 뜻의 비야노바^{Villanova}로 불리기도 하였다. 후에 옛 이름 아르수아를 되찾아 지금에 이른다.

아르수아에는 다음과 같은 이야기가 전해져 온다. 마을을 지나던 한 배고픈 순례자가 어느 여인에게 도움을 청했다. 그 여인은 마침 타다 남은 불로 빵을 굽고 있었지만 가진 빵이 없다고 대답했다. 순례자는 "당신의 빵이 돌로 변하기를!' 하고 말했다. 한참 후 여인이 빵을 꺼내러 화덕으로 갔을 때 화덕에는 빵 대신 둥근 돌만이 있었다. 그때서야 후회한 여인은 바로 순례자를 뒤따라갔지만 순례자는 이미 멀리 떠난 후였다.

지리적으로 순례길이 목적지인 산티아고 데 콤포스텔라와 가까운 만큼, 이곳에 오는 순례자들을 잘 맞이해야 한다는 교훈을 전하기 위한 이야기일 것이다.

산티아고 성당 Iglesia de Santiago

순례길 옆 도심 광장에 있는 성당으로 원래 성당은 지금보다는 작았다고 한다. 옛 성당이 낡자 1955년에 복원을 시작해 현재의 모습이 되었다. 종탑과 제단 등은 원래 성당에 있던 것을 그대로 가져왔다. 특히 19세기 초 화강암을 다듬어 만든 옛 종탑은 벽돌 하나하나 그대로 새 성당으로 옮긴 것이다. 모서리가 작은 첨탑으로 장식된 사각형 기반에 종루가 올라있고 그 위에 팔각형의 작은 지붕과 철 십자가가 있는 첨탑이 세워졌다.

주제단화는 19세기의 것으로 이오니아식 기둥으로 장식되어 있으며 가장 위쪽 메달에는 클라비호 전투에서 싸우는 산티아고의 모습이 들어있다. 그 아래에는 순례자 산티아고 상이 있다.

18세기 로코코 양식의 제단화는 세 부분으로 구성되었는데, 기둥들은 메달과 왕관으로 장식되어 있다. 왼편 위쪽에 성 프란치스코, 그 아래에 성 크리스토 폴, 가운데에 카르멘의 성모, 그리고 오른편 아래에 파티마의 성모, 그 위에 기적의 메달 성모상이 있다.

산티아고 성당

산티아고 성당 주제단화(위)
산티아고 성당 18세기 로코코 제단화(아래)

막달레나 경당

산티아고 성당 18세기 로사리오 제단화

막달레나 경당
Capilla de la Magdalena

막달레나 경당은 14세기 아르수아에 있었던 수도원의 일부였다. 산티아고의 대주교 돈 페드로가 축성하였고 후에 수도원은 산티아고 순례자들을 위한 숙소도 운영하였다. 역사적인 변화 속에서 수도원은 1692년까지 침체기를 겪다가 흔적없이 사라졌다. 경당만이 남겨져 전례가 봉헌되다가 1835년에 그마저도 폐쇄되고 감옥, 헛간 등으로 사용되었다. 그 후 아르수아 시의회는 이 건물을 보수하여 전시 및 회의 공간으로 만들었고 한동안은 지역 도서관으로 사용하기도 하였다. 현재는 막달레나 수녀회에서 맡아 관리하며 순례자 숙소로 운영하고 있다.

이 성당에서 가장 유명한 것은 남쪽 신자석에 있는 18세기 로사리오 제단화이다. 로코코 양식으로 코린토식 기둥들로 장식되어 있으며 로사리오의 성모상이 중앙에 있고 위에는 산 로케상이 있다.

32. 아르수아 Arzúa에서 아르카 도 피노 Arca do Pino까지

산타 이레네 경당

아르수아 Arzúa — 살세다 11km Salceda — 산타 이레네 5km Santa Irene — 아르카 도 피노 4km Arca do Pino

총 20km

유칼립투스 나무 숲과 마을이 교대로 나타난다. 작은 마을들과 농장들이 있는 조용한 전원 지역이다. 마을들을 지나 주도로를 따라 길게 자리한 마을 살세다 Salceda로 들어선다. 마을 끝에서 다시 숲길을 만나는데 이곳에서 세상을 떠난 영국인 순례자 기에르모 와트의 추모비가 있다. 센 Xen, 브레아 Brea를 지나 숲길을 통과하면 산타 이레네 Santa Irene가 나오고 얼마 더 가면 아르카 도 피노 Arca do Pino이다.

아르카 도 피노 Arca do Pino / 페드로우소 Pedrouzo

고대에 오 피노 O Pino는 행정적으로는 산티아고에 소속되어 있었으나 1812년 갈리시아 주의 독립적인 행정구역이 되었다. 후에 갈리시아가 네 개의 주로 나뉠 때, 아 코루냐 주로 편입되어 오늘에 이른다.

이 마을의 이름 '오 피노'는 일반적으로 '바위산의 소나무'나 '가파른 곳'이란 의미로 추정된다.

이곳 구시가지에 산타 에울랄리아 성당Iglesia Parroquial de Santa Eulalia de Arca이 있는데 N-547 도로에서 남쪽으로 약 500미터 거리에 있다. 신고전주의 양식의 성당으로 두 개의 종이 있는 큰 석재 종탑이 있다. 전면 출입구 양 옆은 기둥 모양 부조들로 장식돼 있다.

아르카 도 피노 산타 에울랄리아 성당

갈리시아 지방의 특징은 천 킬로미터가 넘게 이어지는 해안선이다. 스페인 북서부 대서양 연안의 차갑고 깨끗한 바닷물에서 얻어지는 해산물이 신선하기에 이 지역에서는 맛있는 해산물 요리를 맛볼 수 있다. 그 중에서도 대표적인 음식이 문어Pulpo 요리이다. 그래서 갈리시아 지역을 여행하다 보면 식당의 주방장들이 김이 모락모락 나는 삶은 문어를 통째로 들고 나와 여행객을 유인하기도 한다.

산티아고 데 콤포스텔라의 또 하나의 개성있는 음식은 '타르타 레알' 또는 '타르타 데 산티아고'로 불리는 케이크이다. 도시 인의 대부분의 카페에서 이 메뉴를 맛볼 수 있고, 스페인 전역에서도 잘 알려져 있다. 이 케이크에는 산티아고 십자가가 새겨져 있고 아몬드 가루와 슈가 파우더로 장식된다. 겉은 약간 딱딱하고 속은 촉촉하다.

33 아르카 도 피노 Arca do Pino에서 산티아고 데 콤포스텔라 Santiago de Compostela까지

몬테 도 고소 순례자상

아르카 도 피노 Arca do Pino — 아메날 Amenal 4km — 라바코야 Lavacolla 6km — 몬테 도 고소 Monte do Gozo 5km — 산티아고 데 콤포스텔라 Santiago de Compostela 5km

총 20km

아르카 도 피노에서 숲길로 산 안톤San Antón을 지난 후 언덕을 넘어 더 가면 N-547 도로와 만난다. 이곳이 아메날Amenal인데, 터널로 N-547 도로를 건너서 아메날 호텔 식당 옆 숲길로 들어간다. 숲길이 끝나면 산티아고 공항인 라바코야 공항Lavacolla Aeropuerto 인근이고 활주로 끝을 돌아 산 파이오San Paio를 지나서 더 가면 라바코야Lavacolla에 이른다.

라바코야 Lavacolla

순례자들이 깨끗한 모습으로 산티아고 데 콤포스텔라에 들어가기 위해, 걸어오느라 오랫동안 쌓인 더러움을 인근 냇가에서 닦아내던 곳이었다고 전해진다. 마을 이름의 앞부분인 'Lava'는 동사 'Lavar'에서 유래하였는데, 이 말은 무엇을 깨끗이 닦는 것을 의미한다. 마음과 죄나 오명을 씻는다는 뜻도 들어 있

라바코야 산 펠라요 성당

몬테 도 고소 산 마르코스 경당과
경당 내부 산 마르코스 성인상

다. 산 펠라요 성당Iglesia de San Pelayo을 지나 N-634 도로를 건너면 오르막이다. 꽤나 높은 오르막길을 올라 계속 걸어 고소 산 정상까지 간다.

몬테 도 고소 Monte do Gozo

산티아고 데 콤포스텔라 서쪽 능선에 자리한 언덕으로 그 이름은 '기쁨의 산'이라는 뜻이다. 오랜 기간 고생하며 걸어온 순례자가 자신의 목적지 산티아고 데 콤포스텔라를 두 눈으로 처음 확인하고 큰 기쁨을 느꼈기에 붙여진 이름이다.

산 마르코스 경당
Capilla de San Marcos

매우 작은 사각형 건물로 고소 산의 정상 입구에 있다. 성당이나 경당의 입구는 서쪽에 있는 것이 일반적인데 이 경당은 특이하게도 출입구가 동쪽에 있다.

교황 요한 바오로 2세 방문 기념 조형물

언덕 위에 교황 요한 바오로 2세의 방문 기념 조형물이 있는데 1989년 요한 바오로 2세는 이곳에서 수천 명의 신자들과 함께 미사를 드렸다. 이곳에서 걸어서 10분 정도 떨어진 곳에 카테드랄을 향해 바라보고 있는 두 명의 순례자를 묘사한 현대 조각상이 있다. 이곳에서 산티아고 카테드랄의 높이 솟은 세 탑들이 멀리 보인다.

실제로 이 자리에 서 보니 지나간 시간들이 주마등처럼 스쳐간다. 특히 어려 웠던 일들이 더 많이 생각나고 곧 산티아고 데 콤포스텔라에 들어간다고 생각 하니 마음이 북받쳤다. 그 옛날 순례길을 걸어 이 자리에 서서 감격에 겨워했 던 17세기 순례자 도메니코 라피Domenico Laffi의 감상이 내가 가진 가이드북에 실려 있어서 번역하여 다시 인용해본다.

  "우리는 몬테 델 고소라 부르는 언덕의 정상에 도착했다. 그곳에서 우리가 그토록 열망했던, 그리고 지금은 단지 반 리그League*밖에 떨어지지 않은 산티 아고를 보았다. 그곳을 본 우리는 무릎을 꿇고 기쁨으로 '테 데움Te Deum'**을 노래하기 시작하였다. 그러나 두세 줄을 하고, 더 이상 노래할 수 없었다. 왜냐 하면, 우리의 눈에는 큰 눈물이 맺히고, 한 마디도 더 할 수 없었기 때문이었 다. 계속되는 흐느낌과 우리의 가슴에 북받치는 감정으로 노래를 중단할 수밖 에 없었다. 마침내 감정이 진정되었고, 천천히 울음을 멈추었다. 우리는 다시 '테 데움'을 노래하며 그 도시를 향해 나아갔다."

* 1리그는 약 4.8킬로미터
** 가톨릭 전례에서 하느님께 바치는 찬미가

  − 호세 마리아 안기타 하엔, 『산티아고 길: 순례자 실용 가이드』*José María Anguita Jaén, The Way of Saint James: The Pilgrim's Practical Guide*

  이 기쁨의 산은 단지 목적지를 눈앞에 두고 감격에 젖는 장소일 뿐 아니라 성인이 그를 따르는 사람들을 보호하는 기적을 직접 보여준 기적의 장소이기 도 하다. 전설에 의하면, 리모주Limoges에서 온 씩씩한 청년들이 자신의 한계 이상으로 무리해서 열심히 걷다가 결국에는 지치게 되었다. 그들 중 한 명이 병이 난 채 레온에 남겨졌는데, 산티아고 성인이 순례자의 모습으로 나타나 그 아픈 친구를 데리고 하늘로 올라 이 산에 나타났다. 물론 그 친구는 순례길을 다 걷고 산티아고 사도의 축복을 얻었다.

  인간적인 성취, 즉 어려움을 이겨내고 자신의 목적을 달성한 데서 얻는 기쁨 뿐 아니라, 하느님의 사자인 산티아고를 통해 하느님께서 우리와 함께하신다는 것을 보여준 장소이기에 순례자들은 이 장소를 기도와 찬미의 장소로 기억하 고 있는 것이다.

산티아고 데 콤포스텔라
Santiago de Compostela

순례길은 루아 도스 콘체이로스 Rúa dos Concheiros와 루아 데 산 페드로 Rúa de San Pedro를 따라 이어진다.

우선 카테드랄의 정문 앞으로 가기 위해서는 인마쿨라다 광장을 지나 작은 터널을 통해 성당의 정면을 볼 수 있는 오브라도이로 광장으로 들어간다. 두 개의 종탑이 우뚝 서 있는 카테드랄을 배경으로 도착 기념사진을 찍고 감사의 기도를 봉헌하기 위해 성당 안으로 향한다.

예전에는 카테드랄의 주 현관인 유명한 영광의 문으로 들어갔다고 하지만 오랫동안 공사 중이라서 2015년 현재 봉쇄되어 있다. 이 주 현관이 있는 전면을 바라보고 오른쪽으로 돌아가면 말머리가 있는 대형 분수가 보이는데 이곳이 플라테리아스 광장이다.

카테드랄에는 배낭을 가지고 들어갈 수 없으므로 숙소에 짐을 풀기 전이라면 짐 보관소 Consigna에 배낭을 맡겨야 한다. 짐 보관소는 순례자협회 사무소나 성당 인근에 있다. 순례인증서인 콤포스텔라를 받을 수 있는 순례자협회 사무소는 오브라도이로 광장에 있는 파라도르의 왼편 모서리 근처 골목에 있다. (주소 Oficina de Acogida al Peregrino, Rúa Carretas, nº33, 15705 Santiago de Compostela 전화 +34 981 568 846 홈페이지 https://oficinadelperegrino.com)

순례인증서

순례자협회 사무소

산티아고 데 콤포스텔라 카테드랄 Catedral de Santiago de Compostela

카테드랄의 역사는 곧 도시의 역사와 일치한다. 도시의 기원이 산티아고 사도의 무덤이 발견된 것과 연관되기 때문이다.

813년 은수자 펠라요Pelayo는 리브레돈Libredon 언덕의 고대 로마 요새 유적 근처에서 신비한 빛을 발견한다. 이 소식은 곧 이리아 플라비아Iria Flavia 지역의 주교 테우데미루스Teudemirus에게 보고되었다. 주교는 관계자들과 함께 이 지역을 조사하여, 세 구의 시신이 안치된 무덤을 확인하였다. 이 중 머리가 잘려진 시신의 묘비에는 "여기 제베대오와 살로메의 아들, 야고보가 누워있다."라고 적혀 있었다고 한다. 다른 두 시신은 산티아고 사도의 제자인 테오도르Theodore와 아타나시우스Athanasius로 추정되었다.

아스투리아스와 갈리시아의 왕인 알폰소 2세는 이 무덤을 방문한 후 이곳에 작은 성당을 짓게 하였다. 893년 이 성당이 축성될 무렵, 베네딕토회 수사들과 이주민들이 점차 성당 주변에 정착하였다. 곧 왕국의 여러 곳에서 순례자들이 찾아오기 시작하였고, 점차 이베리아 반도와 유럽 전체에서 순례자들이 모여들기 시작하였다. 9세기 말 알폰소 3세는 이곳에 더 크고 화려한 바실리카를 지었지만 한 세기 후 알만소르Almanzor에 의해 대부분이 파괴된다. 다행히 그는 사도의 무덤은 존중했기에 파괴하지 않았다. 그 후 베르무도 2세Bermudo II가 도시를 재건하였고, 크레스코니우스Cresconius 주교 때는 도시를 보호하기 위해 성벽을 쌓았다. 콤포스텔라의 역사에 있어서 디에고 헬미레스, 갈리시아어로는 디에고 셀미레스Diego Xelmírez 주교는 중요한 인물이다. 그는 정치적 협력을 통해 1075년부터 시작된 대성당의 완공을 성사시켰다.

북쪽: 인마쿨라다Inmaculada 광장과 아사바체리아 문Puerta de la Azabachería

아사바체리아Azabachería 거리를 따라 들어오는 순례자들이 가장 먼

아사바체리아 문(위)
산 마르티뇨 피나리오(아래)

인마쿨라다 광장과 오브라이도 광장을 이어주는 아치 아르코 데 팔라시오

바체리아 문으로 불린다.

이 광장 맞은편에 산티아고 무덤이 발견되고 얼마 후 베네딕토회 수사들이 세운 산 마르티뇨 피나리오San Martiño Pinario가 있다. 베네딕토 수도원이었으나 19세기 이후 신학교와 교회 관련 기관 사무실, 게스트 하우스 등으로 사용되고 있다. 카테드랄과 이 건물 사이에 있는 아치 아르코 데 팔라시오Arco de Palacio 아래 계단을 내려가면 주 광장인 오브라이도 광장이 나온다.

서쪽: 오브라도이로Obradoiro 광장

카테드랄의 주현관이 있는 서쪽 전면은 오브라도이로 광장을 향해 있다. 카테드랄을 바라보고 왼편에는 헬미레스/셀미레스 궁전Palacio de Gelmírez / Pazo de Xelmírez이 붙어 있다. 이 궁전은 12세기 로마네스크

저 만나게 되는 광장이다. 이 광장을 마주하고 있는 카테드랄의 전면에 '천국의 문'으로 알려졌던 로마네스크 문이 있었으나 1758년 붕괴되었다. 1769년 도밍고 로이스 몬테아구도Domingo Lois Monteagudo가 신고전주의 양식의 문을 설치했고 아사

산티아고 카테드랄 전면

산티아고 카데드랄에서 내려다본 오브라이도 광장

양식의 건물로 디에고 헬미레스 대주교가 세웠다. 18세기에 원래 있던 2층에 한 층을 더했다.

카테드랄의 이 서쪽 전면은 바로크 후기 양식으로 1750년에 갈리시안 건축가 페르난도 데 카사스 이 노바 Fernando de Casas y Nova가 만들었다. 그는 비교적 단조로웠던 로마네스크 양식의 요소들을 화려한 바로크 요소들로 바꾸고 두 개의 탑을 더욱 두드러지게 했다. 계단은 훨씬 이전인 17세기 초에 만들어진 것으로 르네상스 양식으로 히네스 마르티네스 Ginés Martínez가 설계했다. 이 계단을 올라가면 주 출입문인 영광의 문이 있다.

영광의 문
Pórtico de la Gloria

카테드랄에서 가장 유명한 부분이다. 12세기에 그 전에 있던 로마네스크 문을 교체하면서 장인 마테오가 만든 것이다. 3개의 문으로 구성되며 2백 개가 넘는 대단히 복잡하고 다양한 색채의 조각상들로 장식되어 있다. 스페인 로마네스크 작

오브라이도 광장 한편에 있는 국영호텔

품의 대표적인 예로 알려져 있다.

가운데 출입문의 상단부 팀파눔의 아치에는 요한묵시록에 나오는 스물 네 명의 원로들이 악기를 연주하는 모습이 나타나고 그 아래에는 구세주 그리스도가 네 명의 복음서 저자들과 천사들에게 둘러싸여 있다. 그리스도 아래 중앙 기둥에 의자에 앉은 산티아고가 마치 손님들을 맞이하는 주인처럼 묘사되어 있다. 왼쪽 문에는 구약성경의 장면과 인물들이, 오른쪽 문에는 최후의 심판을 주제로 한 천국과 지옥이 표현되어 있고 사도들의 모습도 보인다.

이 영광의 문을 통과할 때 산티아고가 앉아있는 의자를 받치고 있는 기둥을 손으로 만지는 관습이 있는데 이 기둥에는 그리스도의 가계도

영광의 문 전경

영광의 문 중앙 팀파눔

가 조각돼 있다. 수세기 동안 반복된 이 관습 때문에, 단단한 대리석에 몇 센티미터 깊이의 흔적이 생겼다. 이 기둥의 뒤쪽 아래에 있는 인물상은 이 문을 제작한 장인 마테오로 알려져 있다.

남쪽: 플라테리아스Platerías 광장과 플라테리아스 문Puerta de las Platerías

플라테리아스라는 이름은 광장 근처에 은세공 장인들이 많았던 데서 유래한다. '말들의 분수'로 알려진 화려한 19세기 분수가 있는 것이 이 광장의 특징이다. 광장 계단 위에 카테드랄의 남문인 플라테리아스 문이 있는데 중세에 지어진 카테드랄에서 유일하게 남은 로마네스크 양식의 전면을 볼 수 있다.

플라테리아스 광장

플라테리아스 문

킨타나 광장의 동쪽 전면

동쪽: 킨타나Quintana 광장과 자비의 문Puerta del Perdón

킨타나 광장에 있는 동쪽 전면에 있는 문이 자비의 문이다. 항상 봉인되어 있다가 오직 성년(산티아고 축일인 7월 25일이 주일과 만나는 해)에만 열린다. 문 양 옆으로 구약의 인물들과 사도들을 표현한 스물네 개의 조각상이 있다. 장인 마테오와 제자들의 작품이다. 원래는 성당 내부 옛 성가대에 있었던 것인데 이곳으로 옮겨졌다. 문 위 중앙에 산티아고가 있고 그 양 옆으로 그의 제자들이 있다.

자비의 문

산티아고 카테드랄 주제단

카테드랄 내부

• **주제단**

제대 위 천사들이 받치고 있는 화려한 덮개 위에는 스페인 왕실 문장과 말을 타고 있는 산티아고 조각상이 있다. 덩굴줄기로 장식된 솔로몬 양식의 서른여섯 개의 기둥들이 옛 제대를 둘러싸고 있다.

제대 중앙에 순례자 복장을 한 13세기 로마네스크 양식의 산티아고 반신상이 있다. 성당에 들어온 순례자들은 보통 먼저 제대 뒤로 가서 이 산티아고의 반신상을 껴안고 그 아래 산티아고의 유해를 모신 성해함이 있는 지하 경당으로 내려가 경배한다.

주제단 덮개에 있는
클라비호 전투의 영웅 산티아고 상

산티아고 성해함

산티아고 반신상

경당들

아사바체리아 문으로 들어가서 계단을 내려가 바로 왼쪽에 있는 경당이 산 안토니오 경당이다. 이어서 나오는 산 안드레스 경당Capilla de San Andrés과 성령 경당Capilla de Sancti Spiritus 사이의 계단 끝에 코르티셀라 경당이 있다.

• 코르티셀라 경당
Capilla de la Corticela

원래는 9세기에 지어진 독립된 수도원 성당으로 16세기 이후부터는 한동안 외국인들을 위한 경당으

대향로와 순례자 미사 중의 분향 모습

매일 낮 12시와 저녁 7시 30분에 순례자들을 위한 미사가 봉헌된다. 제대 앞으로 긴 줄이 내려와 있는데 이 줄에 대형 향로를 매달아 분향한다(Botafumeiro). 분향은 매 미사 때마다 하는 것이 아니라 교회 전례력에 따른 일부 축일과 대축일, 매주 금요일 저녁 7시 30분 미사 때 한다. 순례자들이 봉헌을 통하여 미리 신청할 수도 있다. 분향 신청에 대해서 더 자세한 것은 산티아고 카테드랄 홈페이지(http://www.catedraldesantiago.es/en)에서 확인할 수 있다.

코르티셀라 경당 입구

로 사용되었다. 18세기에 카테드랄이 증축되면서 그 일부가 되었다. 경당의 입구는 13세기 초 장인 마테오 공방의 작품으로 출입문 위 상단부 팀파눔의 조각은 동방박사의 경배를 표현한다.

코르티셀라 경당에서 나와 성령 경당을 지나면 프리마 경당Capilla de Prima이 나오고 제대 옆 회랑을 따라 왼쪽부터 오른쪽으로 산 바르톨로메 경당Capilla de San Bartolomé, 산 후안 경당Capilla de San Juan, 로스 에스파냐 경당Capilla de los España이 있다.

• **구세주 경당** Capilla del Salvador

제대 뒤 회랑의 중앙에 있는 경당이다. 입구 양쪽에 있는 기둥머리에는 "알폰소 왕자의 치세 기간 중에 지어짐" 그리고 "디에고 주교 시절에 시작되었음"이라는 글이 적혀 있다. 1532년 제작된 주제단화 중앙에는 상처를 보여주는 고딕 양식의 구세주 조각상이 있다.

이 경당은 프랑스 왕의 경당Capilla del Rey de Francia으로도 알려져 있다. 예전에 이곳에서 순례자들은 자국어로 고해성사를 하고 성체를 받은 뒤 참회의 순례를 완료했다는 인증서인 '콤포스텔라compostela'를 받았다고 한다.

자비의 문Puerta del Perdón의 안쪽을 지나 왼쪽부터 베드로 경당Capilla de San Pedro, 몬드라곤 경당Capilla de Mondragón이 있다.

• **기둥의 성모 경당** Capilla del Pilar

18세기에 지어졌으며 옥의 일종인 자스퍼와 대리석으로 장식된 화려한

구세주 경당 제단화

기둥의 성모 경당

경당이다. 제단화의 중앙에는 기둥 위에 발현한 성모가 있고 그 앞에 무릎을 꿇고 있는 산티아고의 뒷모습이 보인다. 제대 뒤 산티아고 상으로 올라가는 계단이 건너편에 있다.

카테드랄 박물관
Museo de la Catedral

수세기에 걸친 산티아고 카테드랄의 역사와 관련된 유물들이 다양하게 전시되어 있다. 소장품 전시실, 발굴현장, 성당 지붕, 도서관 등을 둘러볼 수 있다. 소장품들 중에서 가장 주목받는 것 중 하나가 도서관에 있는 코덱스 칼리스티누스Codex Calixtinus이다.

*코덱스 칼리스티누스
Codex Calixtinus

코덱스codex는 원래는 낱장으로 된 문서를 묶어서 표지로 싼 형태의 것 즉 현대의 책과 같은 것을 지칭한다. 로마시대에 일반적으로 사용되던 두루마리 형태가 변화된 것이다. 주로 고대 후기부터 중세에 나온 필사본을 이렇게 부른다. 그러므로 코덱스 칼리스티누스란 '칼리스티누스의 책 또는 문서'란 뜻으로 해석할 수 있지만 꼭 칼리스티누스가 쓴 책이라는 의미는 아니다.

학자들은 여러 저자들이 쓴 문서들을 모아 프랑스 학자인 에이메릭 피코Aymeric Picaud가 1135년과 1139년 사이에 편집한 것으로 추정하고 있다. 그럼에도 이 책에 코덱스 칼리스티누스라는 이름이 붙은 것은, 이 책에 권위를 부여하기 위해, 1124년에 이미 사망한 칼리스티누스 2세 교황이 서명한 것으로 위조된 편지를 책의 서문에 사용했기 때문이다. 한편으로는 '콤포스텔라 성년'을 최초로 선포한 칼리스티누스 2세 교황에 대한 존경의 표현이기도 했을 것으로 보인다.

책의 내용은 산티아고에 대한 것으로 '성 야고보의 책Liber Santi Iacobi'으로도 불린다. 코덱스 칼리스티누스는 모두 다섯 권으로 구성되는데, 첫 번째 권은 전례적인 내용들로 강론과 산티아고에 대한 교훈들, 전례에 사용되는 다성음악 악보 등이 들어있다. 두 번째 권은 유럽 전체에

산티아고 데 콤포스텔라 카테드랄 박물관 입구

아스토르가 카미노 박물관에 전시된 코덱스 칼리스티누스 사본

서 산티아고 생전과 사후를 통틀어 산티아고와 연관된 22가지의 기적을 소개한다. 세 번째 권은 산티아고의 유해가 예루살렘에서 갈리시아의 무덤으로 옮겨지는 과정을 서술했다. 또한 산티아고 순례의 상징이 된 조개껍질들을 가져가는 전통에 관하여 말하고 있다. 네 번째 권은 카를로 대제와 롤랑의 역사로, 투루핀 대주교의 이름으로 쓰였기에 일반적으로 '투루핀 위서'로 부른다. 실제로는 12세기 익명의 저자의 작품으로 보인다. 다섯 번째 권은 여행자들을 위한 가이드북이다. 이 가이드북은 순례길을 총 13개의 스테이지로 설명하는데 순례자들이 어디서 자고 어디를 방문하고 경배해야 하는지 등의 내용과 나쁜 음식과 상업적 속임수 등에 관한 저자의 의견을 적었다.

산타 마리아 살로메 성당
Iglesia de Santa María Salomé

산티아고 어머니에게 봉헌된 성당으로는 스페인에서 유일하다. 12세기에 헬미레스 대주교가 세웠고 원래의 건물에서 남은 것은 돌출된 현관과 몇 군데 장식뿐이다. 문은 15세기에 만들어졌고 바로크 양식의 종탑은 18세기에 더해졌다.

산타 마리아 살로메 성당

산티아고 데 콤포스텔라에는 카테드랄 이외에도 수많은 성당과 수도원을 비롯한 종교건축물들이 시가지에 가득하다. 이 모두를 다 살펴볼 수는 없을지라도 이 도시 전체가 산티아고로부터 시작됐으며 그 무덤 위에 세워진 카테드랄의 역사와 함께 발전했음을 짐작할 수 있다. 성인과 함께 탄생하고 성인과 함께 성장했으며 그 성인의 영성을 본받으려 노력하는 도시 그곳이 바로 오늘 우리가 땀을 흘려 걸어서 도착할 목적지 산티아고 데 콤포스텔라이다.

산티아고 순례를 마치며

피스테라

나는 계획상 산티아고를 최종 목적지로 정했기에 그곳에서 순례를 마무리하였다. 그러나 순례길에서 만난 젊은이들은 땅 끝까지 걸어간다고 했다. 아마도 젊은이들에게는 유럽 대륙의 끝까지 걷는 의미와 그에 따른 성취감이 더 클 수도 있을 것 같았다. 계획을 바꿀 수 없어 땅 끝까지 걸어갈 수는 없었지만 버스를 타고 가서라도 그곳을 한번 보고 싶었다. 산티아고 버스 터미널에 가면 그곳에 가는 버스가 있다. 중간중간 여러 도시를 거쳐가기에 가는 데만 약 3시간이 걸린다. 승용차로 가면 시간은 많이 단축된다.

피스테라 Fisterra

산타 마리아 성당

갈리시아어로는 피스테라, 스페인어로는 피니스테레Finisterre이다. 갈리시아 자치지역 서북단에 있는 꽤 큰 항구도시이다. 로마시대부터 이곳은 이미 세상의 끝으로 생각되었다. 어원적으로도 이 지명은 땅의 끝(라틴어, finis terrae)을 의미한다. 때때로 이곳이 이베리안 반도의 가장 서쪽 끝이라는 주장이 있었으나 실제로는 포르투갈의 호카 곶Cabo da Roca이 16.5킬로미터 더 서쪽으로 나와 있어서 유럽의 가장 먼 서쪽 끝이라고 할 수 있다. 마을을 통과하여 언덕을 오르는 길에 산타 마리아 성당이 있다.

산타 마리아 성당 Igrexa Parroquial de Santa María das Areas

12세기에 지어지기 시작했으며 14세기와 16세기에 증축되어 로마네스크, 고딕, 바로크 요소들이 함께 있는 지금의 모습이 되었다. 세 부분으로 구성된 탑들이 있고 탑의 상단부는 피라미드 모양이다. 출입문에는 두 쌍의 기둥들과 아치가 있다.

성당을 지나 언덕을 더 오르면 주차장이 나오고 휴게소와 십자가가 있다. 바닷가 쪽으로 더 가면 등대와 통신탑이 있는 바위언덕이다.

피스테라 곶 Cabo Fisterra

스페인어로는 Cape Finisterre. 피니스테레 곶의 언덕인 해발 238미터 몬테 파초Monte Facho에 도달한 순례자는 십자가와 0.00킬로미터로 표시된 표지석을 볼 수 있다. 더 이상 갈 곳이 없다는 것이다. 그리고 조금 더 가면 바위 끝에서 등대Faro de Finisterre를 볼 수 있다. 이 등대는 갈리시아 전 지역에서 유명한 랜드마크로 1853년에 세워졌고, 날씨가

0.00Km 표지석

좋은 날에는 그 빛이 30킬로미터 떨어진 곳에서도 보인다고 한다.

피스테라 곶은 수많은 산티아고 순례자들의 마지막 목적지이기도 하다. 산티아고 데 콤포스텔라에서 약 90킬로미터나 떨어진 이곳까지 순례자들이 왜 오기 시작했는지는 명확하게 알려지지 않았다. 그러나 이 전통은 초기 그리스도교 시대부터 이어졌다고 한다. 중세기에는 산티아고 데 콤포스텔라에서 피스테라까지 가는 길에 순례자들에게 음식을 제공하는 순례자 숙소들도 생겼다.

여러 가지 자료를 보면 옛 순례자들은 이곳에서 신발과 옷가지 등을 태우며 대서양으로 지는 해를 바라보고 잠들었다고 한다. 그리고 다음 날 아침 깨어날 때, 새로운 인간으로 다시 태어난 기분으로 변화된 삶을 시작했다고 전해진다. 이런 전통을 보여주는 신발 모양의 조형물을 볼 수 있다.

순례의 의미가 여러 가지가 있겠지만 궁극적인 순례의 목표는 변화된 나로 새로 태어나는 것이다. 새로 태어나는 일은 항상 고통을 수반한다. 신앙인은 하느님의 마음에 드는 자녀로 새로 태어나고자 하고, 자기 성취를 위해 걸은 여행자일지라도 자신이 바라는 목표에 더 충실한 새 인간으로 태어나고자 하는 것이 이 길을 걷는 이유일 것이다. 그래서 힘든 길을 마다않고 걸었고, 그 길에서 큰 힘을 얻을 수 있었다.

인생도 하나의 길임에 틀림없다. 신앙인에게 인생은 하느님께로 가는 길이며 비신앙인에게도 인생이 길이란 비유는 그리 어색하지 않다. 왜냐하면 인간이란 어디론가 향하는 존재이기 때문일 것이다. 그러므로 이 길을 걸으며 얻은 좋은 경험은 삶의 현장에서도 좋은 나침반이 될 것이다. 모든 사람이 이 길을 걸을 수도 없고 또 그럴 필요도 없지만 이 길이 주는 교훈은 누군가 새로운 삶을 향해 도전할 때 적절한 도움이 되리라고 확신한다. 스페인이 아니더라도 자신의 산티아고 데 콤포스텔라를 찾아 걸어갈 수 있는 도전정신이 우리 안에 영원히 남아 있기를 기대한다.

산티아고 길의 마을과 성당

교회인가	2016년 1월 14일
초판 1쇄	2015년 12월 25일
초판 7쇄	2023년 6월 29일
지 은 이	홍사영
사　　진	최인석
일러스트	염현아
편　　집	손세희
디 자 인	전숙자
	백승우
펴 낸 이	전갑수
펴 낸 곳	기쁜소식
등 록 일	1989년 12월 8일
등록번호	제1-983호

02880 서울 성북구 성북로5길 44 (성북동1가)
☎ 02·762·1194-5　FAX 02·741·7673
E-mail : goodnews1989@hanmail.net

가격 18,000원

ISBN 978-89-6661-091-4 03230

이 책은 저자와 출판사의 승인없이 무단전재와 무단복제를 할 수 없습니다.